PUBLIC / PRIVÉ

NOUVELLES ACCEPTIONS CULTURELLES

ISBN : 978-2-36013-220-1

75, rue de Gergovie - 75014 Paris France

www.riveneuve.com

Olivier Mantei

PUBLIC / PRIVÉ
NOUVELLES ACCEPTIONS CULTURELLES

Entretiens avec Michel Archimbaud & Paul-Henry Bizon

Préface de Peter Brook

Riveneuve éditions

Archimbaud éditeur

Préface

En Amérique, au théâtre comme au cinéma, celui qui trouve l'argent est le patron. Il y a même une expression souvent utilisée : « I hired him, I fire him » (« Je l'ai loué, je le vire »).

En France c'est plus nuancé. Car d'un côté il y a les producteurs et de l'autre côté il y a les équipes artistiques, acteurs, auteurs, metteurs en scène, musiciens etc. La ligne de démarcation est très floue. Le producteur ne peut pas oublier qu'il existe pour la création qu'il cherche à servir, et l'artiste ne perd jamais le sens réaliste et respectueux des difficultés, souvent imprévisibles.

Olivier Mantei parle dans ce livre de la complexité de ses tâches. Grâce à sa connaissance de la musique et du monde du spectacle, son goût et sa sensibilité ont été profondément nourris. Quand, avec Marie-Hélène Estienne et Franck Krawczyk, nous l'avons invité à l'un de nos tout premiers filages de notre *Flûte Enchantée,* nous avons pu sentir à quel point ses observations et ses encouragements nous ont été précieux.

Dans une vraie collaboration qui partage le même but, traverser les difficultés ensemble est essentiel ; et Olivier Mantei s'est révélé être un partenaire indispensable. Il va, dans les pages qui suivent, ouvrir volet après volet, la vaste perspective de ce qui est demandé à celui qui prend ce chemin.

Peter Brook

Introduction

La culture est affaire de génération. J'entends par là que le mot même de « culture » – son usage – est affaire de génération. Quelques heures de discussion à bâtons rompus entre Michel Archimbaud, Olivier Mantei et moi-même, ont rendu ce constat évident et justifié ce livre. Qu'appelons-nous « culture » ? Pour Michel Archimbaud, né en 1946, le mot « culture » n'existe pas autrement que dans son acception de savoir, de connaissance, d'amour désintéressé des arts. Olivier Mantei, né en 1965, en a fait son métier. Il s'est voué à son organisation, en a dessiné les contours, décelé tous les rouages. Quant à moi, qui suis né en 1979, qui ai vécu les années de façonnage de « l'exception culturelle française » – ouverture des scènes nationales, formations universitaires sur le management culturel, sacralisation du statut d'intermittent du spectacle... – le mot « culture » me semble presque devenu anachronique.

En l'espace de cinquante ans, toutes ces inventions culturelles ont donné à la France entière un accès simple et riche à la création. La culture d'État est entrée dans les mœurs. Avec elle, le sentiment que la création était devenue un métier comme un autre et que les salles (opéras, théâtres et divers lieux de représentation) seraient toujours à même de la soutenir, nonobstant l'avis des foules. Mais, depuis le début du siècle, il est apparu de plus en plus évident que ce monde culturel se trouve enfermé dans un système pervers. Notre pays a de moins en moins les moyens d'alimenter cette énorme machine, sclérosée par les rentes de situation et certaines habitudes économiques aberrantes. D'autant que face à lui, de l'autre côté d'un fossé qu'on a longtemps cru infranchissable, se dresse le secteur privé qui continue d'abonder au goût du client et de taxer le secteur public de snobisme. De part et d'autre, le train-train des saisons poursuit sa route sans la moindre remise en question. C'est ainsi, l'habitude arc-boute les positions et entrave la vision. Or, il semble que le monde de la culture se dirige dans une impasse et qu'il a plus que jamais besoin de vision. Il doit aujourd'hui se donner les moyens de penser de nouvelles structures, d'inventer des formes inédites de production. Public et privé n'ont pas d'autre choix que de jeter des ponts l'un vers l'autre pour trouver des systèmes de financement capables de redonner aux lieux de notre patrimoine culturel toute leur marge artistique et les moyens de leur mission première : soutenir la création.

C'est pourquoi nous avons décidé d'aller à la rencontre d'Olivier Mantei, co-directeur du Théâtre des Bouffes du Nord et directeur adjoint de l'Opéra Comique, dont la position au sein des institutions culturelles lui permet d'agir en première ligne sur la création de ces nouvelles formes de partenariats public/privé dans le domaine de la production musicale et théâtrale. Guidé par sa passion pour la création contemporaine, Olivier Mantei n'a eu de cesse depuis près de vingt ans de concevoir de nouvelles combinaisons, des *new deals,* d'ouvrir de nouvelles pistes pour garantir aux artistes la plus grande liberté. Il nous a semblé intéressant de partager la trajectoire singulière de cet homme de culture, de rendre accessibles certains de ses points de vue, son expérience du métier de producteur, ses amitiés et ses admirations pour les artistes qui l'ont guidé, d'approcher au plus près de ses questionnements théoriques sur la figure du compositeur d'où affleurent des réflexions sur les racines de l'exception culturelle française. Ce livre n'a pas d'autre ambition. C'est un témoignage spontané, un état des lieux donnant à voir aux nouvelles générations quelques intuitions qui, peut-être, présideront bientôt à la naissance d'un nouveau paysage culturel français. Une métamorphose vitale qui n'est pas qu'une affaire de génération.

Paul-Henry Bizon

Première Partie

Identités du producteur

Michel Archimbaud et Paul-Henry Bizon : Comment peut-on vous présenter ? Programmateur, directeur artistique, producteur, directeur de salle... ?

Olivier Mantei : Programmateur n'est pas un métier. On le devient dans l'exercice d'une autre fonction : directeur de salle, gérant, producteur, administrateur, directeur musical, dramaturge... La plupart des spectacles que je programme sont des spectacles que je produis, que ce soit avec Jérôme Deschamps à l'Opéra Comique ou avec Olivier Poubelle aux Bouffes du Nord. Même si elle est importante, la dimension artistique de ce métier de producteur – le choix des œuvres, des artistes, le suivi des différentes étapes de création... – reste indissociable du montage financier et de la diffusion. Une grande part de mon travail est donc semblable à celui d'un gestionnaire d'entreprise dans n'importe quel autre secteur. L'activité de programmation n'est d'ailleurs intéressante qu'au regard des moyens engagés, de ses objectifs et des risques encourus. Sinon, ce n'est qu'un jeu d'érudit ou de passionné, une activité qui n'a pas d'autre finalité que de nous rapprocher des artistes. Dans le pire des cas, c'est l'antidote à la frustration de n'être pas artiste soi-même.

Quelle a été votre formation ?

J'ai suivi un parcours littéraire et musicologique classique. Parallèlement à ce cursus, j'ai été formé à la gestion directement sur le terrain lorsque, pour gagner un peu d'argent, je me suis occupé avec mon frère de centres de location de vélos autour de Paris. Je n'avais aucun intérêt pour la bicyclette et je n'avais pas la moindre notion de comptabilité. J'ai d'abord essayé de compenser mes lacunes par des tableaux et des analyses laborieuses. Puis, j'ai rapidement été confronté aux principes de réalité. On soupçonnait des actes de fraude dans différents lieux d'exploitation et aucun de mes systèmes de contrôle n'était efficace. Mon frère m'a alors conseillé de promouvoir le suspect qui me paraissait le plus malin. Une semaine plus tard notre chiffre d'affaires avait retrouvé son niveau normal. Avec le recul, cette expérience m'aura autant appris que mes études théoriques qui me passionnaient par ailleurs.

Vous êtes pourtant issu de la « génération culture » durant laquelle ont émergé les formations au management culturel, ce qu'on appelle « l'ingénierie culturelle ».

Oui. C'était un vrai fléau dans les années 1980 et 1990 : il naissait un master ou un DESS par an. On n'avait plus à choisir entre la réussite sociale et la vie de bohème, on devenait « ingénieur de la création ». On pouvait enfin approcher ses rêves d'adolescent avec la bénédiction de ses parents. En société, dire que l'on était producteur, c'était presque mieux que pianiste... Et, qui plus est, on pouvait caresser l'espoir de devenir riche et célèbre. Cette époque réalisait le rêve romantique, celui de Jules Janin qui proclamait : « C'est un beau mot *artiste*. C'est comme si l'on disait *intelligent*. Il n'est personne à qui il ne soit donné de se dire : et moi aussi ! » Rien d'étonnant à ce que, 150 ans plus tard, de Malraux à Lang, la France ait accouché de son exception culturelle : une industrie à part entière qui permet à des milliers de personnes de vivre de leur art ou des nombreux métiers liés à la création, dont ceux de formateurs et de protecteurs en tout genre, intercesseurs, médiateurs, ingénieurs, chercheurs, administrateurs...

En citant Jules Janin, vous amorcez une réflexion intéressante sur l'évolution de la figure de l'artiste, une

notion qui vous tient particulièrement à cœur et sur laquelle nous reviendrons, mais j'aimerais auparavant que vous nous parliez justement de ces « principes de réalité ». Vous êtes à la direction de deux salles parisiennes, l'Opéra Comique et les Bouffes du Nord, aux profils très différents. Comment fait-on fonctionner ces deux institutions ?

Bien qu'elles soient très différentes, ces deux salles ont en commun une forte identité. Cette notion est au cœur de la question de programmation. Programmer, c'est avant tout se poser la question de l'identité physique du lieu. Où se situe-t-il ? Quelles sont ses caractéristiques ? Que ne doit-on pas y faire ? C'est une évidence que l'enthousiasme, les intérêts et les envies de chacun font parfois oublier.

En l'occurrence, l'Opéra Comique boude le boulevard des Italiens, à l'inverse de l'Opéra Garnier. Il faut être du quartier pour indiquer le chemin de la salle Favart. Elle tourne le dos, sa programmation doit donc faire le dos rond. Pour éviter les détours, il faut un plan, une notice. En revanche, on peut y accéder sans être vu ; c'est l'opéra parisien le moins inhibant. Le prix des places doit donc être adapté en conséquence au risque d'en fragiliser la structure financière. Au plan technique, la marge de manœuvre n'est pas meilleure. Cette maison n'a aucun dégagement, tout acheminement d'éléments de décors est complexe. Elle est en hauteur, elle a brûlé deux fois… Elle porte en elle le spectre de la fragilité et du désespoir. Son répertoire se veut donc léger et joyeux.

Les caractéristiques physiques des Bouffes du Nord sont aussi singulières. Le théâtre est dans un quartier où l'on ne se rend pas, que l'on traverse pour rejoindre le périphérique. Il est au centre de différentes cultures mais cette mixité n'est pas forcément source de fédéralisme. Il s'est d'ailleurs appelé le Théâtre des Carrefours juste après la guerre. La place de la Chapelle est un croisement sans chapelle ni perron. On ne voit pas le théâtre, pas même sa coupole. Le prix des places est extrêmement bas, la jauge est intermédiaire et donc difficile à équilibrer. Depuis sa création en 1876 jusqu'en 1974 à l'arrivée de Micheline Rozan et Peter Brook, il a cherché sa voie entre théâtre et musique, public et privé, savant et populaire, fermeture et réouverture. Tous les directeurs y ont fait faillite… C'est pourquoi la mise au point d'une programmation identitaire est aussi cruciale. Il s'agit d'absorber toutes les contraintes du lieu pour en faire une profession de foi, un manifeste.

Pour les deux salles, votre travail de programmateur s'apparente à celui d'un producteur. Comment l'appréhendez-vous ?

Comme un funambule. Il faut sans cesse chercher le point d'équilibre entre l'enjeu artistique et ses impératifs économiques et sociaux. Donner du leste et retenir. Être en empathie avec le projet et en fixer les limites. Le plus délicat est de percevoir le point de rupture, ce moment à partir duquel les contraintes techniques et financières dénaturent le résultat esthétique, et tout faire pour l'éviter. C'est un métier que j'appréhende aussi d'une manière ludique : il s'agit de miser et parier. La proportion du risque encouru détermine le niveau d'adrénaline. Certains disent qu'il faut être un peu visionnaire et alchimiste pour dénicher les talents et les réunir. Je pense surtout qu'il faut être joueur.

Lorsque vous reprenez l'Opéra Comique en juin 2007 avec Jérôme Deschamps, la salle est une coquille vide, il ne s'y passe quasiment plus rien.

L'Opéra Comique a toujours été le parent pauvre de l'art lyrique. Il n'avait pas connu de grands travaux depuis 1969 et n'était redevenu un Établissement Public qu'au début des années 2000 sous l'impulsion de Maryvonne de Saint Pulgent qui a beaucoup œuvré pour cette institution. Nous avons conçu un projet adapté à son identité pour en faire un lieu de création de genre et de répertoire tourné vers l'avenir. Il faut garder à l'esprit que l'Opéra Comique désigne un répertoire avant d'être un lieu. Mais à notre arrivée, la fosse n'était pas assez grande pour accueillir les œuvres de ce répertoire... Notre projet initial n'avait rien de très original : présenter l'opéra français du XIXe siècle dans sa forme originelle (dialogues parlés en alternance avec les airs), dénicher des œuvres rares avec la complicité du Centre de Musique Romantique Française (Fondation Bru) et les confier à des artistes de premier plan, remonter les grands chefs-d'œuvre de la maison (*Carmen, Pelléas et Mélisande*...), susciter la création d'opéras bouffes, sans négliger que la salle Favart est un écrin magnifique pour la musique ancienne et que l'opéra français compte de nombreux joyaux baroques et classiques. Nous avons décidé de renforcer l'aspect identitaire et *a priori* austère de la programmation avec des festivals autour de chaque nouvelle production lyrique, des colloques, des rencontres, des concerts, des spectacles pour le jeune public toujours orientés vers des œuvres et des artistes méconnus. Dans un premier temps, nous avons complexifié notre problème avec cette mission qui ne nous était pas demandée et nous fixait des objectifs plus difficiles à atteindre. Mais le public nous a fait confiance. Il est venu progressivement et surtout, il est resté fidèle.

N'avez-vous pas craint que la création contemporaine éloigne le public ?

La musique contemporaine, on le sait, mobilise beaucoup moins que le grand répertoire. Elle mobilise même moins que le répertoire de l'opéra-comique le plus méconnu. Pour ces productions, nos objectifs de fréquentation sont établis en conséquence, nos tarifs aussi. Mais une maison d'opéra qui ne favorise pas la création n'a pas d'avenir. C'est à mon avis l'enjeu principal de nos métiers. La multiplicité des langages après les années 1950 a créé une inhibition chez le grand public. D'une certaine manière, elle a semé le doute. Nous devons montrer qu'aujourd'hui aussi s'écrivent des chefs-d'œuvre. Le plus grand bonheur pour un producteur est de voir se transformer un projet élitiste *a priori* difficile, en un succès populaire, celui qui est porté par le bouche-à-oreille au-delà des cénacles de spécialistes.

On comprend que l'Opéra Comique ait ainsi retrouvé une place importante dans le paysage culturel. C'est certainement ce qui a incité l'État à soutenir ce projet ?

Oui, et inversement. C'est grâce à une mesure budgétaire nouvelle du Ministère de la Culture que nous avons pu donner à l'Opéra Comique une marge artistique, c'est-à-dire allouer une part de la subvention exclusivement à l'activité et à la production. Cette marge reste cependant assez faible et ne représente que 30 % du budget artistique. Il a donc fallu trouver 70 % de ressources propres pour financer le projet. Nous avons alors privatisé les espaces, développé les partenariats nationaux et internationaux et, sous l'impulsion de Charles-Henri Filippi, les amis et mécènes se sont progressivement investis. Là encore, la force d'une identité joue un rôle majeur : en affirmant des partis pris artistiques singuliers, vous en devenez peu à peu le dépositaire et vous mobilisez plus rapidement ceux qui défendent les mêmes points de vue. Mais ce n'est qu'un commencement, une impulsion. Ensuite, il faut l'amplifier par un travail de marketing et de communication adéquat car contrairement à certaines idées reçues, diriger un établissement public financé par l'État ne vous exonère en rien de l'action commerciale.

Aujourd'hui, l'Opéra Comique n'a ni troupe ni orchestre. Est-ce plutôt un avantage ? Un inconvénient ?

Une maison d'Opéra qui ne dispose pas de forces artistiques a une petite équipe. Pour vous donner un ordre de grandeur, il y a 1 500 salariés environ à l'Opéra de Paris et nous sommes 90 à l'Opéra Comique. De fait, l'établissement ne présente pas les mêmes enjeux politiques et sociaux. Il devient plus vulnérable. Ses budgets sont moins consolidés, son cadrage budgétaire annuel est discuté. En revanche, l'absence de musiciens à demeure permet d'adapter les formations à chaque projet : jouer de la musique baroque ou contemporaine avec des ensembles spécialisés, donner à entendre des œuvres romantiques sur des instruments d'époque ou modernes, changer les esthétiques, adapter, coproduire avec des opéras en région ou à l'étranger qui trouvent avec nous une vitrine parisienne pour leur orchestre ou leur chœur.

Quelle est justement la situation des opéras en France ? Leur avenir ?

Ils restent assez dynamiques malgré la diminution continue de leur budget artistique. C'est une loi « mathématique » qui pourrait annoncer leur disparition : les subventions stagnent à l'inverse des frais de fonctionnement qui augmentent mécaniquement, ce qui réduit leur marge artistique. Peu à peu, au regard de son projet qui s'appauvrit considérablement, l'institution devient très chère à financer. On se pose alors la question de son existence. Peut-on décemment donner dix millions à un opéra pour payer ses frais de structure sans qu'il ait pour autant les moyens d'exécuter la mission pour laquelle il a été créé ? Peut-on équiper un paquebot pour aller de quai à quai dans le même port ? Les réseaux de production et de diffusion de la culture sont exceptionnels en France, certains ont même le prestige et la qualité que l'on attend des institutions richement dotées. Mais très peu de maisons se relèveront à terme d'une diminution de leurs crédits. L'exemple de la Philharmonie de Paris est assez révélateur de la schizophrénie intellectuelle qui paralyse son immersion. Nos élus estiment à raison qu'elle est souhaitable, que son projet social et culturel est exemplaire, qu'il est incroyable qu'une grande capitale européenne comme la nôtre n'en soit pas encore pourvue, mais certains doutent, avancent en crabe, reculent parfois, hésitent à soutenir ce qui est le symbole de l'exception culturelle d'aujourd'hui et qui ne peut résulter d'une initiative privée.

Nous voici donc au cœur du débat sur l'exception culturelle…

Précisément. Vouloir préserver l'exception culturelle française c'est d'abord lui donner les moyens de son ambition et de sa singularité dans le paysage européen. En période de crise durable, on brandit la nécessité impérieuse de faire des économies avant de faire des choix radicaux mais forcément contestés, ou de prendre acte de la mutation d'un système. Les services de l'État, par nature, ne génèrent pas les ressources suffisantes à leur fonctionnement. Il en est ainsi de la création comme de l'éducation ou de la santé. La question posée est donc : la culture est-elle aussi importante que la santé et l'éducation ? De mon point de vue, elle participe de l'une et de l'autre, mais si la culture est à ce point un enjeu de remboursement de la dette publique, ne parlons plus d'exception culturelle française. Assumons plutôt un nouveau système public / privé inspiré des autres modèles européens. Je constate d'ailleurs qu'aujourd'hui on parle essentiellement d'exception culturelle quand il est question de cinéma, notre art le plus « privé » et le plus commercial dans une certaine mesure...

Vous venez d'ailleurs de mener une expérience de cet ordre en élaborant avec Pierre Lescure et TF1 le futur projet artistique de l'Île Seguin. De telles entreprises peuvent-elles défendre la création musicale contemporaine ?

Je n'y croyais pas jusqu'à ma première réunion rue du Point du Jour, dans la grande tour qui n'était alors visible pour moi que du périphérique. Le groupement Bouygues, TF1 et Sodexo était en course face à deux autres grandes entreprises pour obtenir le marché du premier partenariat Public / Privé dans le secteur du spectacle vivant à l'initiative du Conseil Général des Hauts de Seine. Entre autres choses, le cahier des charges imposait deux auditoriums pour les musiques actuelles et classiques. Les enjeux financiers et les objectifs commerciaux étaient tels que la notion de service public était diluée dans des préoccupations auxquelles je n'étais pas confronté habituellement. J'apparaissais soudainement comme le représentant d'un art sérieux entretenu par la collectivité publique alors qu'auprès des services du Ministère de la Culture, on avait généralement tendance à m'associer au privé. Mais je trouvais enthousiasmante l'idée que TF1 puisse financer une création de Thomas Adès ou de Philippe Manoury. Il me semblait qu'en ces périodes de disette, afficher un nouveau modèle économique de la culture était une aubaine pour un élu et une gageure pour ces trois entreprises, chacune leader dans son secteur. Il fallait les convaincre d'investir de l'argent dans une musique qui n'en rapporterait a priori pas, les encourager à devenir pour la création ce que Total était à l'environnement ; analogie peu flatteuse qui sous-tendait une forme de « pollution culturelle » dont ils devraient se racheter. Logiquement, ils ont pris le propos à leur compte, accepté de financer une centaine de concerts classiques et contemporains et remporté le marché. Tiendront-ils les engagements artistiques qui ont contribué à leur victoire ? Je le pense, car l'ambition artistique est toujours porteuse à moyen terme de nouvelles ressources, ne serait-ce que par l'image et le rayonnement qu'elle véhicule.

La question de la rentabilité se pose aussi concernant la gestion des Bouffes du Nord qui est un théâtre privé. Lorsque vous succédez à Peter Brook en 2010 à la tête de ce lieu avec Olivier Poubelle, cette question économique est évidemment cruciale.

Elle est au cœur du projet. C'est une économie difficile parce que les frais du théâtre en ordre de marche sont relativement élevés, que le prix des places est modéré, que la jauge (500 places) est intermédiaire. Or, la subvention ne couvre pas la moitié des charges de fonctionnement. Ce qui implique que l'activité artistique doit s'autofinancer et financer une partie du théâtre. Il est donc nécessaire d'accroître l'activité de création, l'exploitation, la diffusion et la prise de risque pour tendre vers l'équilibre. C'est un paradoxe. Le théâtre des Bouffes du Nord est en réalité un centre international de création qui s'appuie sur un lieu et son image.

Cette image est très liée à Peter Brook.

Oui. C'est une composante majeure de l'identité du lieu. Pour toutes ces raisons, on comprend bien qu'il est impossible de faire une programmation de théâtre privé. C'est un lieu qui porte en lui l'innovation. C'est ainsi que Peter Brook et Micheline Rozan l'ont fait connaître à travers le monde au point que les Américains ont construit sa réplique au

Harvey Theater de la Brooklyn Academy of Music pour le *Mahabharata.* À notre arrivée, nous avions deux manières d'envisager la programmation : respecter ce que les Bouffes du Nord étaient devenus et en faire un musée ou se projeter en 1974 lorsqu'ils l'ont découvert en friche pour en faire un espace d'expérimentation, de recherches, un théâtre d'art et d'essai... Nous avons finalement décidé, avec Olivier Poubelle, de renouer avec cet esprit d'avant-garde. Nous nous sommes tournés vers les jeunes metteurs en scène et vers les musiciens pour développer une forme de théâtre musical cher à Peter Brook. Celui de *Carmen, Pelléas et Mélisande, La Flûte Enchantée*...

Le théâtre musical est un genre méconnu en France, très lié aux années 1970, considéré parfois comme figé, presque passéiste.

C'est un genre par défaut. Il est né de la contrainte pendant la première guerre avec l'*Histoire du soldat* de Stravinsky. L'opéra romantique a imposé ses règles et ses limites aux institutions qui lui sont dédiées : musiciens, chanteurs et danseurs à demeure en grands effectifs, un rapport scène / salle qui impose une projection sonore appuyée, des ateliers permanents de décors et de costumes qu'il faut solliciter et des coûts de production qui ne permettent pas de longues périodes de répétitions (au détriment le plus souvent du travail théâtral). Le théâtre musical est une manière de faire de l'opéra ailleurs et autrement (on en revient à la question physique du lieu qui détermine l'identité), avec moins de contraintes et moins de moyens, mais sans être vraiment un genre à part entière. Un opéra de poche, ou « minute », un *singspiel*, une comédie musicale, un *Avis de tempête* d'Aperghis, une *Carmen* de Brook... l'espace qu'occupe le théâtre musical est flou. Aperghis me confiait il y a peu qu'il l'envisageait comme « le bac à sable des enfants », la forme artistique libre par excellence. Nous avons beaucoup échangé avec Peter Brook et Marie-Hélène Estienne à ce sujet. Il ne s'agit plus de faire cohabiter deux points de vue comme à l'opéra, celui du metteur en scène et celui du compositeur, mais un seul, nourri des apports de chacun par le truchement de périodes de travail distancées où la partition s'écrit pendant la recherche théâtrale. Donner du temps théâtral à la musique, appliquer des modes de production de l'un à l'autre, privilégier l'expression, le moment de vérité, la clarté, la simplicité sur la projection vocale souvent trop affectée. C'est dans cette direction que nous avons sollicité les jeunes artistes, tous sensibles ou imprégnés des expériences de Brook. Il en est sorti des réussites de théâtre musical d'un nouveau genre, comme *The Second Woman* mis en scène par Guillaume Vincent, pour lequel la partition de Frédéric Verrières s'est écrite pendant les répétitions théâtrales, ou comme *Le Crocodile trompeur*, adaptation très libre de *Didon et Enée* de Purcell par une jeune troupe d'acteurs, chanteurs et instrumentistes dirigée par Jeanne Candel et Samuel Achache. C'est ce théâtre musical que nous souhaitons développer aux Bouffes du Nord en le considérant non plus comme une réduction de l'opéra mais comme une extension du théâtre qui va pouvoir nourrir dans l'avenir les grandes formes lyriques. La dernière génération d'artistes a une qualité que ses aînées n'ont pas : elle s'est formée dans la diversité, la pluridisciplinarité et le décloisonnement. Il n'est pas rare de voir un acteur chanter, danser, voltiger ou jouer d'un instrument avec autant de talent à chaque fois. La confusion des genres va brouiller les cases et donner, je crois, plus de vie à des formes figées par l'institution et les conventions.

C'est un parti pris esthétique très risqué. Est-ce que cela veut dire que pour contrebalancer ces risques, il faut prévoir, comme Jouvet en son temps avec *Knock*, une pièce à succès qui assure régulièrement des recettes ?

Oui et non. C'est un peu dans cette optique que nous avons monté notre *Bourgeois Gentilhomme* avec Denis Podalydès et Christophe Coin mais ce n'était pas sans risques ni exigence artistique. D'une certaine manière, les Bouffes du Nord, c'est un théâtre privé qui assure *de facto* une mission de service public. Mais comment ferait-il autrement ? Si vous présentez dans un lieu où personne ne vient spontanément ce que d'autres font ailleurs, vous n'existez pas. La forte identité artistique des Bouffes du Nord rend l'économie difficile et les recettes hasardeuses, mais c'est aussi sa force. On ne peut pas y installer une pièce de théâtre à succès pendant huit mois avec une vedette de cinéma. Le public disparaîtrait. D'une manière plus générale, l'opposition historique entre théâtre public et théâtre privé s'amenuise. Il n'est pas rare de voir l'un reprendre une création de l'autre. C'est manifestement un air du temps.

C'est un paradoxe qui pose aussi la question de l'exclusivité ?

Je suis convaincu que ce n'est pas un problème. Les programmateurs ont tendance à confondre identité et exclusivité en pensant que leur propre identité se forge par l'exclusivité de la création et de « leurs » artistes. Or, ce sont deux choses différentes. L'exclusivité est à mon avis un recours lorsqu'un lieu perd son identité. Si votre identité est forte, que vous défendez un répertoire très spécifique, que la qualité prime dans le choix d'artistes adaptés à votre point de vue, que l'association entre les interprètes, les metteurs en scène et les œuvres révèle sa propre cohérence et que vous bâtissez autour de vos productions lyriques un environnement très identitaire dans sa forme et son contenu, vous n'avez pas besoin d'avoir la moindre exclusivité sur la création lyrique et sur les artistes. Exception faite, bien entendu, des lieux de concerts parisiens où un même pianiste ne peut pas donner deux fois le même récital dans la même période sans risquer de vider l'une ou l'autre salle de son public.

Nous en venons à nous interroger sur la place de l'artiste au cœur de ce système, notamment, comme c'était le cas pour Peter Brook aux Bouffes du Nord mais aussi de Pierre Boulez à l'Ircam, quand celui-ci occupe la place de programmateur. Qu'en pensez-vous ?

Quand il était à la tête des Bouffes du Nord, Peter Brook ne s'occupait finalement que de ses créations. Pour le reste de la programmation, il était toujours associé à Micheline Rozan puis à Stéphane Lissner. Il n'attendait pas forcément de ses partenaires que les spectacles présentés lui plaisent et répondent à sa propre conception du théâtre. En règle générale, pour programmer, il faut être curieux, sortir le soir, avoir du temps et des convictions pour pouvoir défendre et construire une programmation au sein d'une multitude de contraintes à apprivoiser. Ce n'est pas une démarche artistique uniquement. La question posée au sujet de Pierre Boulez est intéressante mais s'applique à un grand nombre de metteurs en scène et de directeurs musicaux. L'artiste est-il le mieux placé pour programmer ? Dès lors qu'il a la capacité de s'extraire de sa propre esthétique, son regard d'artiste mis au service d'une démarche plus générale et ouverte vers l'extérieur, est un enrichissement. S'il garde ses œillères fermées sur un lieu qui a vocation à s'ouvrir au public et à diverses formes esthétiques, sa présence n'apportera rien, si ce n'est éventuellement de pouvoir mobiliser un peu plus intensément les médias et les tutelles. Nous l'avons constaté avec la nomination de Jérôme Deschamps à l'Opéra Comique au moment où l'établissement devait radicalement changer de statut et redevenir un théâtre lyrique mieux doté et plus soutenu. Le rayonnement incontestable de l'artiste a contribué à cette mutation heureuse. En revanche, un intendant « gestionnaire » qui s'autoproclame « artiste » dans l'exercice de son pouvoir, fort des deniers publics qui lui ont été confiés, jette l'opprobre sur nos métiers.

Aux Bouffes du Nord et à l'Opéra Comique, fait rare, vous disposez d'un vaste réseau international. Pouvez-vous nous en dire plus ? Comment l'intégrez-vous dans votre travail de production ?

Dans ces théâtres, le « hors les murs » est un principe d'équilibre budgétaire, pas une vocation. Pour financer les projets, nous sommes obligés de trouver des coproducteurs, d'organiser des tournées. C'est un sujet délicat qui nous occupe avec le Ministère de la Culture. D'un côté, l'abondance de subventions peut inciter à la sédentarisation, donc à l'absence de diffusion ou même de public si la part de billetterie n'est pas significative dans le modèle économique. De l'autre, trop de diffusion, de coproductions et de ressources externes tendent à minimiser la part de subventions nécessaire dans le budget artistique. On comprend alors la perversion de ce système. Plus vos indicateurs sont bons et vos ressources propres élevées, plus la subvention est « rentable » et moins elle participe à la stabilité financière de la structure. Elle devient alors plus vulnérable, elle est remise en cause. C'est pourtant cette même subvention qui permet de faire levier et de générer des ressources externes. Pour le dire vite, 10 000 € de subventions publiques, vous permettent d'obtenir environ 100 000 € de ressources propres par les tournées et les coproductions. Mais si la part de subvention est moins importante, elle devient aussi moins fondamentale à la survie du projet. Le théâtre devient donc plus vulnérable. Il y a un vrai danger à optimiser les ratios ! Pourtant, sans cet effet de levier, vous ne pouvez ni convaincre des coproducteurs ni organiser de tournées. Or, la subvention publique n'a pas forcément vocation à financer l'intégralité d'un projet artistique. Il faut donc trouver un juste équilibre qui n'obéit pas à une règle arithmétique mais dépend énormément de la nature du projet. Certains projets portent en eux un potentiel de réussite. D'autres n'ont pas la même surface de diffusion sur le public et sur les lieux mais n'en sont pas moins importants.

Parler de projets, c'est évoquer les artistes. J'aimerais que nous évoquions ensemble ceux qui ont marqué votre carrière au premier rang desquels se trouve évidemment Peter Brook. Quel regard portez-vous sur cet homme ? Que vous a-t-il appris ?

Bien entendu, c'est une rencontre très importante pour moi, comme pour tous ceux qui ont eu la chance de travailler avec lui. Je n'ai rien à ajouter à ce qui a été écrit ou dit sur son œuvre. Lui-même d'ailleurs a produit un certain nombre d'ouvrages. Mais ce qu'il ne peut pas dire, de fait, c'est à quel point il ressemble à son œuvre. C'est confondant. La personne est aussi singulière et captivante que sa personnalité artistique. Son acuité sensorielle, ses intuitions, sa concentration lui donnent une force naturelle et beaucoup de simplicité et de vérité dans ses jugements. Lorsque je travaillais à ses côtés en tant qu'administrateur, il donnait l'impression de vouloir toujours se détacher de nos préoccupations administratives et budgétaires mais au moindre problème, il prenait les commandes.

Il le faisait de manière autoritaire ?

Non, il n'en avait pas besoin. Il était précédé en tout lieu par sa légende. C'est un cas rare qui n'a rien à voir avec la célébrité. Peter Brook est un homme d'une densité exceptionnelle, au sens physique et minéral du terme. Il m'a appris la rhétorique du silence qui s'impose souvent dans les discussions et qui guide toutes ses répétitions par ailleurs. Ce silence appuyé pouvait générer de l'inquiétude, du doute, de la fébrilité. Mais il laissait surtout le temps de la décantation, l'écoute mutuelle et de longs moments de calme. Toutes ses décisions étaient argumentées, avec le désir de convaincre plutôt que d'imposer. Et quand les arguments manquaient il compensait ses exigences en lâchant prise sur des demandes que nous lui formulions. La concession qu'il nous faisait était toujours antérieure à sa requête, avec élégance et sérénité quelles que soient la gravité et l'urgence du moment, de telle sorte que nous ne pouvions que l'accepter. Une leçon quotidienne de gestion de ressources humaines.

Jamais de colères ?

Plutôt que la colère, il montrait de l'indignation, des refus fermes, de l'indifférence… En tout cas, il laissait peu de place à l'improvisation dans nos rencontres. On ne se croisait pas, on prenait rendez-vous. Chaque discussion commençait par un sujet d'actualité, politique, social et le plus souvent en rapport à des événements internationaux qui « décontextualisait » nos petits problèmes. Sans calcul mais dans un élan humaniste qui nous obligeait à relativiser.

Vous parlez de « décontextualisations ». C'est une attitude qui le caractérise ?

J'ai retenu à son contact que le contenu du message est aussi important que ce qui l'entoure. La didascalie ne donne pas seulement de la couleur mais du sens, tout comme l'espace vide. « Décontextualiser », c'est surprendre ou préparer, lancer une balle à un funambule ou lui tendre un filet. Cette anecdote, par exemple, illustre parfaitement sa manière de faire. Après quinze années de collaboration, il m'a convié pour la première fois chez lui. Pourquoi ce jour-là après tant de temps ? J'arrivai en sachant qu'il devait me dire une chose inhabituelle et importante compte tenu du lieu inédit de rendez-vous. Il m'a en effet proposé de reprendre son théâtre et m'avait donné le temps de m'y préparer en chemin…

Quelques mois plus tard, il m'a prié d'assister à une répétition de la *Flûte enchantée*. À l'issue du filage, il m'a convié « sur le tapis » avec la troupe pour faire part de mes impressions. Je suis passé de l'autre côté du miroir un court instant. Et au cas où je ne l'aurais pas compris, il m'a tutoyé pour la première fois le temps de nos échanges en répétition, et m'a vouvoyé de nouveau à la sortie… Je ne l'ai jamais autant vu assister aux spectacles des Bouffes que ces deux dernières années. Il m'en fait souvent un compte rendu. C'est à chaque fois une leçon d'analyse ; la recherche du sens par l'émotion et la sensation, dans l'économie de gestes et de mots, dans le symbole, l'humour et la générosité – à la vie comme au théâtre.

Jérôme Deschamps vient du privé comme vous, et la compagnie qu'il dirige avec Macha Makeïeff, à l'époque où il est nommé à la tête de l'Opéra Comique, n'est même pas subventionnée. N'aurait-il pas eu intérêt à faire appel à un coéquipier issu du sérail public, plus institutionnel que vous ?

Je lui suis reconnaissant d'en avoir décidé autrement. Il m'a sollicité pour concevoir avec lui son projet de candidature à la direction de l'Opéra Comique. Pendant cinq mois, nous avons travaillé soir et week-end, souvent en famille, et nous avons ri ensemble. Nous étions intimidés l'un et l'autre par l'institution publique, donc d'autant plus respectueux des procédures, des finances et du fonctionnement. En revanche, outre l'humeur de Jérôme Deschamps qui mettait de temps à autre un peu de gaieté et de couleur dans les couloirs de l'administration, sa culture de l'entreprise a laissé le champ libre à quelques audaces de production que le cadrage budgétaire, bien qu'augmenté par la tutelle, n'aurait pas dû permettre. Il me semble que les maisons de création dotées d'une mission de service public ne peuvent désormais plus dissocier l'activité de programmation de la gestion. Le temps où le directeur artistique se voyait confier une enveloppe à répartir selon ses choix est révolu. Il devra désormais générer lui-même une grande partie des ressources de son activité sans se dédouaner des objectifs de qualité, de fréquentation et de médiation culturelle qui lui auront été notifiés. Et gérer un projet artistique ne signifie pas rester penché sur les états prévisionnels de recettes et de dépenses au risque de ne plus voir ce qu'ils racontent. Il faut garder le sens de l'équilibre à distance pour permettre la balance des flux et des inspirations de chaque artiste…

C'est dans cet esprit que vous menez votre carrière d'entrepreneur dans le secteur de la création subventionnée ?

J'ai avancé au fil des rencontres avec les artistes. C'est surtout pour eux que nous faisons ce métier... La première a été Laurence Equilbey qui cherchait un administrateur pour professionnaliser son ensemble. Elle n'avait pas de moyens pour me rémunérer et je n'avais aucune expérience. Mon premier emploi dans le secteur de la production musicale a donc été « bénévole ». Je l'ai accepté sans jamais l'avoir vue diriger, ni même entendu une note de musique du chœur Accentus ! Mais j'ai perçu la qualité du projet, la détermination du chef et la dynamique très forte qu'elle engendrait derrière elle.

Qu'est-ce qui fait sa force selon vous ?

Laurence Equilbey fait partie des artistes qui ont une perception précise de la manière dont doit être gérée leur carrière. C'est aussi une entrepreneuse. Nous avons travaillé en complicité sur le développement, la stratégie et les orientations artistiques de l'ensemble. Nous avions la même conviction sur les risques à prendre pour bousculer les idées reçues et l'ordre établi. Les artistes qui savent se vendre et gérer leur image sont assez courants mais ceux qui, comme

Laurence Equilbey, se mettent en danger pour y arriver sont plus rares. Avec le soutien de la Fondation France Télécom (aujourd'hui Fondation Orange), nous avons parié sur un succès et les ressources qui en découlaient. Lorsque j'ai commencé à vendre le chœur de chambre Accentus dans des programmes *a capella* d'œuvres de Poulenc et Ravel pour vingt ou trente mille francs, la concurrence des chorales d'amateurs qui irriguaient le territoire était rude et j'ai eu quelques moments de découragement. Mais ma conviction était d'autant plus contagieuse qu'elle était improbable. L'enseignement que j'ai tiré de cette première expérience ne s'est jamais démenti : on peut partir de très loin avec un projet artistique difficile, des artistes totalement inconnus, un marché inexploré, peu de financements, et réussir si la légitimité tient plus au projet qu'au seul désir de l'artiste.

C'est durant cette période (1993-2003) que vous avez créé Instant Pluriel. Est-ce que vous pouvez nous expliquer en quoi cela consistait ?

Le principe d'Instant Pluriel est novateur à l'époque. Il repose sur l'idée qu'une grande partie de l'activité artistique est intermittente alors que son administration est permanente, ce qui engendre des coûts de fonctionnement disproportionnés par rapport aux charges artistiques. Certains ensembles qui travaillaient périodiquement n'avaient pas les moyens d'avoir une structure permanente. Nous avons donc créé une « administration permanente intermittente » pour ces formations artistiques en réunissant toutes les compétences professionnelles et en les mettant au service simultanément de trois ou quatre ensembles avec une disponibilité constante. Chaque formation ne payait que le temps « réel » d'administration. C'est une forme de mutualisation tout à fait classique mais qui n'existait pas dans le secteur de la production musicale. Dans cet esprit, j'ai d'ailleurs initié parallèlement la création de la Fédération des Ensembles Vocaux et Instrumentaux Spécialisés (FEVIS) qui a elle-même donné naissance à un syndicat très actif. Pour revenir à Instant Pluriel, nous sommes allés parfois jusqu'à créer les ensembles dont nous allions mutualiser le fonctionnement. Cette société m'a permis d'entrer en contact avec la plupart des artistes que je fréquente encore aujourd'hui. Elle m'a permis aussi quelques expériences singulières comme celle de produire, à l'initiative de Philippe Meyer et Hugues Gall, un concert de l'Orchestre de l'Opéra National de Paris en Aveyron, avec un point de rentabilité très élevé (1 350 entrées payantes) que nous avons tout juste dépassé.

En parlant des ensembles dont vous avez initié la création, vous citez sans doute La Chambre Philharmonique d'Emmanuel Krivine. C'est aussi une rencontre très importante dans votre carrière ?

À l'inverse de Laurence Equilbey, lorsqu'Emmanuel Krivine a le projet de créer son orchestre sur instruments anciens, il est entouré de musiciens professionnels et a déjà réussi sa carrière. Il cherchait alors un producteur, ce qui était assez original dans la mesure où les artistes attendent généralement pour leur formation un administrateur plutôt qu'un producteur. Dans le premier cas, ils sont employeurs, dans le second, ils sont employés... Le premier cas est confortable juridiquement, le second économiquement et n'est pas une fin en soi. C'est donc d'abord en tant que producteur indépendant que j'ai agi, avec le soutien d'une équipe très compétente. Grâce au soutien de Mécénat Musical Société Générale, nous avons engagé chaque artiste et porté l'orchestre statutairement et économiquement pendant un an et demi, le temps que l'association La Chambre Philharmonique soit opérationnelle et donne toute son autonomie au projet.

Pourquoi avoir accepté cette proposition ?

Pour trois raisons. Je trouvais d'abord le processus de création inédit pour un ensemble sur instruments d'époque. Ces formations sont habituellement dirigées par des musiciens devenus chefs de leur orchestre : William Christie, Marc Minkowski, Christophe Rousset, Emmanuelle Haïm, Hervé Niquet... Ensuite, Emmanuel Krivine était à mes yeux, et ma conviction n'a pas changé, l'un des plus grands chefs français. Enfin, monter un orchestre symphonique indépendant était une nouvelle expérience pour moi.

Que retenez-vous de cette expérience ?

En production, c'est toujours la même histoire, les souvenirs les plus intenses naissent des difficultés du départ ou des faiblesses. Je retiens le temps et la patience qu'il m'a fallu pour gagner la confiance d'Emmanuel Krivine, passage obligé pour poursuivre l'aventure. Je retiens aussi le son de l'orchestre la première fois qu'il a sonné, aux Folles Journées de Nantes, dans des conditions difficiles, et l'émotion que nous avons ressentie. Je garde en souvenir l'enregistrement des symphonies de Beethoven que j'écoute régulièrement et que je tiens pour exceptionnel... et enfin, le vent de face que nous avons affronté dès l'initiale de la traversée. Un vent contraire, hostile. L'arrivée de cet orchestre dans le giron des ensembles spécialisés de musique ancienne déplaisait. On ressentait beaucoup de méfiance, parfois du mépris ou de l'indifférence forcée. Emmanuel Krivine, reconnu comme l'un de nos meilleurs chefs, était critiqué parce qu'il venait sur le terrain très privé de la musique ancienne, alors que bien des chefs baroques faisaient la même chose dans l'autre sens en tentant l'expérience des orchestres institutionnels permanents. Il m'était arrivé jusqu'alors de travailler avec des artistes inconnus ou sur des projets fragiles, de connaître des échecs mais c'était la première fois que je connaissais une opposition aussi immédiate. Ce contexte a soudé les musiciens autour du chef et a amplifié les éloges des fans, publics et professionnels, acquis à sa cause.

Agent, administrateur, producteur… ces trois métiers sont liés à l'accompagnement des artistes. Quelles en sont les caractéristiques principales ?

Les similitudes sont visibles. Dans les trois cas, on encadre, on promeut et on diffuse un projet ou un artiste. Mais la comparaison s'arrête là. Pour être agent, il faut faire preuve d'une abnégation sans limites, parfois dans l'indifférence. C'est un métier d'intercesseur, de passeur, de commissionnaire, d'apporteur d'affaires. La prise de risque est faible mais la gloire n'est même pas posthume et l'artiste lui reprochera toujours de ne pas en faire assez ! Il faut, tour à tour, être portier de nuit, attaché commercial, psychologue, infirmier, négociant et aimer les gares et les aéroports. On est toujours suspecté de vendre l'artiste trop cher d'un côté et de s'engraisser de l'autre... Administrer une formation musicale équivaut à entrer en religion monothéiste. Vous épousez une cause qu'il faut défendre contre vents et marées en espérant être monté sur le bon navire. Vous n'êtes pas capitaine mais vous tenez une partie du gouvernail, et à défaut d'être là aux saluts, vous sonnez le ralliement sur le pont. C'est pourquoi j'ai toujours préféré la fonction de producteur. C'est d'abord un gage de liberté avec l'artiste. On travaille sur un projet sans être contraint de renouveler l'expérience. Ce n'est que le désir mutuel qui peut prolonger les collaborations. Les contrats sont à durées déterminées et les relations plus douces finalement. Ensuite, on est fréquemment à l'initiative du spectacle et on est présent jusqu'à sa résolution. Enfin il faut aimer prendre quelques risques. Mais dans le théâtre, le classique et le lyrique, les risques sont proportionnels aux marges bénéficiaires que l'on peut réaliser, donc assez contenus et modérés...

Votre métier de producteur privé et d'agent vous a néanmoins permis de faire des rencontres...

Oui, et non des moindres. Par exemple, Laurent Bayle qui m'a fait confiance en m'accompagnant sur des projets innovants alors que j'étais jeune producteur ou Stéphane Lissner qui m'a appelé à ses côtés aux Bouffes du Nord lorsqu'il en était le co-directeur. Ils ont tous deux eu une influence déterminante sur la suite de ma carrière ainsi que tous les artistes dont je viens de vous parler et de nombreux solistes que je porte encore dans mon cœur et que je soutiens. Tout a commencé sur un terrain de football, le jour où j'ai rencontré le compositeur Franck Krawczyk, un puits sans fond de connaissances et d'idées, qui a le génie de l'invention musicale autant que celui du démantèlement lorsqu'il extrait à l'accordéon la substance organique d'une symphonie de Mahler. Il m'a présenté le pianiste Alain Planès. Un homme à part lui aussi, totalement désintéressé par la gestion de sa carrière, passionné d'art et de littérature, animé par une sensibilité artistique rare qu'il exprime par la musique comme il aurait pu l'exprimer par la peinture ou l'écriture. Un dandy dada du quartier de la Goutte d'or à Paris qui ne cache pas ses blessures et ses douleurs derrière l'humour et le sarcasme mais toujours avec générosité, gentillesse et sans affectation. Il ne parle jamais de ses cachets de pianiste mais de ses « comprimés » et s'étonne que le public ait aimé son concert : « il est bien le seul » répète-t-il en riant. Et quand on lui demande comment il se porte, il répond : « Bien, mon moral est remonté à moins deux... » J'ai connu avec lui mes plus grandes émotions au concert et mes plus grandes frayeurs aussi, c'est un artiste génial dans le sens où il ne peut pas s'adapter à son époque, son environnement, et ce n'est pas par snobisme comme il voudrait nous le faire croire... Alain Planès n'avait rien du poulain idéal pour bâtir une écurie mais il m'a donné envie de faire le métier d'agent artistique, même si une inclinaison naturelle me tournait déjà vers la production.

Et plus particulièrement vers la production d'œuvres contemporaines. N'est-ce pas finalement contradictoire d'être producteur indépendant dans un secteur où la création est entretenue par les pouvoirs publics mais très peu par le public lui-même ?

C'est le cœur du problème de nos métiers et son aspect le plus intéressant. La production d'une œuvre contemporaine ouvre un spectre plus large qui englobe les étapes de commande et d'écriture et qui nous invite à nous projeter dans un avenir qui ne coïncide pas toujours avec les enjeux immédiats d'audience et de fréquentation d'un spectacle. Pour le dire vite, produire ce qui plaira dans 50 ans n'est *a priori* pas recouvrable financièrement sans le soutien de la collectivité ou d'un mécène. Il faut croire sans preuve. Il me semble pourtant que c'est ainsi que la diffusion de la musique contemporaine peut sortir de son enclave publique. Les idées reçues et les modèles *pré-conçus* qui en font un enfant illégitime alimenté par les seuls pouvoirs publics ne sont pas immuables. Je pense qu'il faut l'appréhender autrement, la « privatiser » un peu… Par exemple, grâce au mécénat de la Société Générale et de la Fondation Accenture, nous avons pu produire la saison musicale des Bouffes du Nord pendant plus de dix ans sans soutien public et en présentant un tiers d'œuvres contemporaines chaque année.

D'ailleurs, les modèles culturels actuels sont récents. Ils datent des années 1970-80 et vont devoir évoluer. Pensez-vous que cette fragilité de la production en musique classique vient du fait qu'elle s'appuie sur deux entités assez peu définissables, la musique elle-même et la figure du compositeur ? Vous me disiez récemment que l'observation de ces éléments avait toujours nourri votre approche du métier de producteur…

Oui, en partie. Disons qu'en interrogeant la place de ces deux éléments et leur évolution au cœur du système plus vaste de la production musicale, on perçoit plus facilement ce qui a pu générer des expériences mélomanes ratées et détourner une partie du public de la musique classique d'aujourd'hui. C'est une façon d'entrer dans le vif du sujet. Essayer de définir la musique, c'est comprendre qu'aucun mécanisme ne pourra jamais figer cet objet si protéiforme, qu'il doit au contraire être capable de se renouveler sans cesse, de s'adapter. De même qu'interroger la place du compositeur permet de montrer comment ces acteurs peuvent se retrouver prisonniers d'un système qu'ils font pourtant vivre ! Voilà plusieurs années que j'observe ces mutations incessantes. Elles me permettent de mieux appréhender mon métier, de l'adapter précisément aux aléas de l'époque.

Deuxième Partie

Identification du compositeur

C'est au fil de nos discussions avec Olivier Mantei que le projet de cette deuxième partie s'est précisé. Par-delà son expérience et sa connaissance de la production musicale, il apparaissait de manière évidente que définir la musique et l'un de ses emblèmes, le compositeur, pouvait permettre de mieux appréhender les mutations du système de la production musicale. Cette impression s'est confirmée lorsque nous avons commencé à questionner Olivier Mantei à ce sujet et qu'il nous a appris que, depuis plus de vingt ans, il s'interrogeait sur la figure du compositeur, l'évolution de ses poses, de ses postures et de sa place dans le paysage culturel français et, à travers lui, tentait d'approcher une définition de la musique, entité aussi évidente qu'indéfinissable. Autant de questions qui nourrissent au quotidien son travail de producteur. Voici retranscrites ces conversations qui apportent un riche éclairage sur les cinquante dernières années de création musicale en France.

Michel Archimbaud et Paul-Henry Bizon : Le premier entretien avec Pascal Dusapin que nous publions intégralement dans la troisième partie de ce livre est extrait d'une expérience que vous aviez menée en 1992 auprès de quinze compositeurs. L'idée sous-jacente à cette étude était d'esquisser une définition de la musique. Nous allons y revenir. Mais vous souhaitiez d'abord mener un travail « d'identification du compositeur ». Pourquoi ?

Olivier Mantei : Je voulais savoir si je déjeunais chaque semaine avec Mozart ou Beethoven ! Plus sérieusement, pour deux raisons. La première est historique. C'était l'heure du « post-néo-nouveau-vieux-avant-gardisme », de toute chose et de son contraire... Je voulais savoir ce qu'il en était du mythe de l'artiste romantique et de ses avatars, de l'art pour l'art, du génie méconnu, du *deus artifex*... Je voulais savoir si, dans les années 1990, « son auberge [était] toujours à la Grande Ourse » comme disait Berlioz. La seconde est esthétique. La disparition de la mélodie et de la tonalité avait favorisé des initiatives artistiques novatrices et l'avènement de nouveaux langages mais, par là même, entraîné l'effondrement de certaines de mes certitudes. Sans parler des bouleversements technologiques qui s'y étaient greffés. Nous avions connu des décennies de créativité exceptionnelle mais elles me semblaient assombries par des joutes verbales « sur-théorisées », des débats idéologiques qui jugeaient des œuvres sur des mots plutôt que sur des sons, avec comme préjugé celui de l'hermétisme intellectuel. Il me semblait qu'une certaine avant-garde avait dilué son génie et sa créativité dans ce qu'elle en avait dit. J'avais donc à cœur d'obtenir certains éclaircissements, de comprendre comment s'incarnaient, à travers la figure du compositeur, deux pensées esthétiques (avant-garde et néo-classicisme) cristallisant une lutte de pouvoir et qui mettaient un voile sur une pluralité de propositions artistiques.

Quelles réponses pouvez-vous apporter à la question « Qu'est-ce qu'un compositeur ? » Suffit-il de composer pour être compositeur ? Selon quels critères objectifs définit-on la profession ? Je vous ai même entendu employer le mot d'« autopsie »

Oui, avec humour. J'ai longtemps pensé que pour être compositeur, il fallait être mort. On m'a assuré qu'il en vivait encore, mais comment les reconnaître ? C'est un cas social très particulier.[1] L'instrumentiste anonyme qui compose a le même statut juridique et corporatiste que le créateur rendu immortel par sa célébrité multiséculaire : ils sont tous les deux musiciens. En écartant l'amateur qui cultive son art pour son seul plaisir et celui qui vit du métier de son art (interprète, enseignant, directeur d'institution ...), on ne recense finalement que quelques professionnels qui vivent de leurs compositions. Et les plus célèbres d'entre eux (Pierre Boulez, par exemple) n'en font pas forcément partie. Inversement, un compositeur peut vivre de musiques de film tout en étant marginalisé et discrédité auprès de ses pairs (Alexandre Desplat étant un contre-exemple). La question n'est donc pas si simple...

L'argent n'est-il pas un critère d'identification ?

Les compositeurs que j'ai pu rencontrer et interroger revendiquent la prédominance de l'activité d'écriture bien qu'elle ne soit pas rémunératrice pour certains. Le compositeur serait alors celui qui, à défaut de vivre de son art, se donne les moyens d'y parvenir. Mais on s'aperçoit que certains ne voudraient pour rien au monde abandonner leurs activités d'enseignant ou d'interprète dans lesquelles ils trouvent d'autres motifs de satisfaction.

---

1. Voir P.-M. Menger, *Le Paradoxe du musicien*, Flammarion, 1983.

Est-ce qu'alors le succès public serait une valeur ?

C'est une question qui se pose aussi dans les autres activités créatrices ou intellectuelles. Est-ce qu'il suffit d'affirmer que « Kant est important alors que ses œuvres philosophiques n'ont pas un vaste public » pour exonérer les compositeurs d'une large audience ? Cela sous-entendrait que, boudé par les auditeurs et trop peu encouragé par les mécènes, le compositeur devrait forcément être entretenu par les pouvoirs publics. Que sa mission serait de trouver un compromis entre la logique de création et de diffusion, de favoriser la recherche désintéressée du « Beau » et de respecter l'utopie républicaine d'une démocratisation de l'art (ce qui est aussi l'enjeu de nos métiers de production). Toute la question du rapport entre public et privé tient dans cet équilibre. Or, il est très fragile parce qu'il est subjectif et ancré dans des habitudes culturelles, territoriales ou historiques.

Si le succès public n'est pas une valeur suffisante, le jugement des pairs peut être un critère intéressant ?

Il est certain qu'un compositeur reconnu par diverses communautés de professionnels ne peut pas foncièrement être un imposteur. Mais le compositeur qui est aussi auditeur a nécessairement une lecture d'une partition en relation avec sa propre sensibilité créatrice. Comme disait Francis Ponge, si vous me demandez quel est le meilleur poète, je vous réponds forcément que c'est moi !

Alors quels seraient les autres critères ? La formation ? La vocation ? La reconnaissance posthume ?

La reconnaissance posthume est un bon critère mais encore faut-il être patient... Ce qui est intéressant dans cette figure du compositeur, c'est que lui-même ne vit pas de son œuvre alors que son œuvre fait vivre tout un pan de l'industrie musicale favorisée par l'exception culturelle française : interprètes, éditeurs, producteurs, journalistes, enseignants, musicologues, techniciens, chercheurs... C'est un paradoxe.

Cette difficulté de définition fait du compositeur une figure assez fascinante. Il n'a pourtant pas été toujours aussi ardu de le définir. Quelle vous semble être sa personnalité empirique ?

Quoi qu'il en soit, le discours du compositeur sur lui-même prime aujourd'hui sur celui des critiques, musicologues ou biographes. C'est d'ailleurs ce qui complique son identification. Après la Seconde Guerre Mondiale, le compositeur qui était jusqu'alors plutôt considéré comme un poète est apparu comme un théoricien « déromantisé » : un technicien, un artisan-chercheur, un mathématicien, un philosophe, etc. Il a inventé ce que j'appelle la « musique à trois temps »[2] : écrite, interprétée et expliquée. Le compositeur a lui-même pris le commentaire « à sa charge » au risque de passer pour un froid grammairien. Son privilège de créateur inspiré s'est ainsi trouvé menacé. C'est pourquoi, me semble-t-il, il le restaure socialement en arborant une mine d'artiste dans la pure tradition romantique. On en arrive à ce grand écart qui me fascine toujours autant : le compositeur doit, par son discours, se dédouaner d'une posture romantique dont il est l'incarnation vivante.

Au cours de nos conversations sur la peinture, vous m'avez fait remarquer que les écrivains ou les peintres étaient souvent plus exubérants, plus « spectaculaires », qu'ils s'offraient aux regards plus volontiers que les compositeurs.

J'ai toujours été frappé par le caractère saturnien des créateurs de musique. Ils sont souvent sombres, sans affectation. Ils affichent modération et rationalité comme si la vie n'était qu'intérieure. Ce comportement vient sans

2. Voir F. Escal, *Contrepoints, musique et littérature,* Méridiens-Klincksieck.

doute du fait que la musique est un art crépusculaire et orphique ou, comme le disait Jankélévitch, qu'« *elle est du soir* »[3]. Je perçois là un début d'explication. En opposition, le geste du peintre se suffit à lui-même. Le plasticien peut immédiatement donner une forme à sa pensée créatrice. Le temps joue pour lui, l'espace aussi. Il crée dans l'instant, sans contraintes. Comme le poète qui jouit de son mot tout de suite, le peintre a le plaisir du lendemain et peut contempler son œuvre. À l'inverse, le compositeur note, copie, recopie, attend... La partition n'est qu'une étape dans le processus de la création musicale et la musique souffre de cette immatérialité insaisissable. Écrite elle n'existe pas encore pleinement, interprétée elle n'existe déjà plus. La complainte du compositeur résonne à travers les siècles. Le récit d'une vie de musicien est une odyssée où à chaque absence suffit sa peine : manque de temps, d'argent, d'interprètes, de public... Les obstacles sociaux et économiques sont tels qu'il n'est pas surprenant de voir l'un ou l'autre mener des combats politiques et institutionnels.

Dans vos propos sur l'identification du compositeur, on sent affleurer une question plus vaste : celle de la

3. V. Jankélévitch et B. Berlowitz, *Quelque part dans l'inachevé*, Gallimard, 1978 : « Elle naît là où les formes deviennent vagues, où les mots se font murmures, où les parfums, les couleurs et les sons se répondent »

musique et de sa définition. Une définition qui semble relever de l'impossible…

C'est quelque chose qui n'a jamais cessé de me questionner. Il est amusant de penser qu'à l'heure où la musique est bercée par la technologie, la recherche et le commentaire, sa non-existence est posée dans les débats de manière péremptoire. L'expression « Mais ce n'est pas de la musique ! » sévit encore dans certains cénacles de penseurs avertis. Alors, qu'est-ce que c'est la musique ? Je me l'imagine comme le Graal du linguiste, plus dure à définir que toute autre notion abstraite, poétique ou philosophique.

Pourquoi ?

Parce que la musique s'affirme dans le dualisme : son et silence, art et science, art et artisanat, temps et espace, éthique et esthétique, expression et abstraction, langage et métalangage… Autant de contradictions rendent *a priori* une définition presque impossible.

Vous parliez de son caractère évanescent mais pourtant le XXe siècle aura eu raison de l'éphémère avec les techniques d'enregistrement.

Oui, c'est une révolution qui a bouleversé quelques lois naturelles… Grâce à la restitution du son, comme par enchantement, l'auditeur est devenu dépositaire du temps musical. Il peut désormais en décider la durée, les limites et l'organisation. En réponse, l'enregistrement s'est alors voulu parfait et a jeté l'opprobre sur l'impureté sonore quel que soit son degré de fondement créatif. Or, la fixité en musique est contre nature. On le constate en observant les mécanismes des interprètes qui ne sont plus les mêmes dès lors qu'ils quittent la scène pour les studios. L'emprise de l'archive discographique crée inéluctablement un état d'insatisfaction artistique qui contraint le musicien au perfectionnement continu, non sans craindre l'égarement de cette quête d'absolu vers le vide. C'est précisément le drame de Maître Frenhofer, le héros du *Chef d'œuvre inconnu* de Balzac. Prenons l'exemple de *Petrouchka*. Stravinsky, juste après la mort du héros, a confié la note la plus aigue à la troisième trompette pour évoquer les hurlements du fantôme. Elle est difficile à interpréter mais le couac, s'il survient, est signifiant. Or, combien d'ingénieurs du son l'ont nettoyé au nom d'une bienséance musicale qui méprise l'effet dramatique ?

Dans ses *Entretiens avec Rossana Dalmonte*[4], Luciano Berio considère qu'il est impossible de définir la

4. L. Berio, *Entretiens avec Rossana Dalmonte*, J.C Lattès, 1983 : « Chercher à définir la musique – qui de toute manière n'est pas un objet mais un processus – c'est un peu comme essayer de définir la poésie : il s'agit donc d'une tentative heureusement impossible vu la futilité qu'il y a à vouloir tracer les limites qui séparent la musique de ce qui n'est plus la musique, entre poésie et non poésie. »

musique puisque, comme la poésie, c'est un processus. Est-ce que cette approche vous semble juste ?

La musique est un ensemble de phénomènes actifs organisés dans le temps et, en ce sens, il peut sembler en effet assez futile de la définir... Mais Berio lui-même ne résiste pas à la tentation de la définition car dans ces mêmes entretiens, il dit que « *la musique est tout ce que l'on écoute avec l'intention d'écouter de la musique.* » La formule est élégante...

Essayons de revenir aux sources de la définition. Que nous disent les dictionnaires ?

Les plus célèbres sont en désaccord dès le premier sème générique. Pour le Petit Robert c'est un art, pour le Littré, une science. On mesure alors que la route est longue ! Chacun reconnaît plus ou moins que la musique est à la fois une connaissance abstraite et une connaissance appliquée mais ils font le grand écart dans la hiérarchie des définissants. Pour ma part, je donnerais un point au Petit Robert qui considère que la musique n'est pas une science car il me semble que l'idée de progrès (qui définit la science) est antinomique avec l'art.

Ligeti semble aller dans ce sens puisqu'il a toujours regretté l'emprise de la recherche scientifique sur la création. S'il reconnaît que certaines données peuvent féconder la pensée et l'imagination artistique, il affirme que la science ne peut jamais créer l'art. [5]

Voilà qui semble confirmer une direction. La musique serait un art, un *artefact*, un phénomène d'origine humaine et artificielle et il n'existerait pas de musique « naturelle » totalement aléatoire. Et pourtant, la zoomusicologie n'est pas de cet avis si l'on en croit des compositeurs comme François-Bernard Mâche[6] ou Pierre Schaeffer. Ce dernier va même jusqu'à l'envisager biologiquement en posant la question : « *est-elle un être vivant qui nous habite ?* »[7]. Voyez, il n'y a pas d'évidences en musique…

Peut-on au moins s'entendre sur l'objet de la musique, à savoir le son qui procède d'un phénomène physique (fréquences, durées, intervalles, hauteurs…) ?

---

5. *Oggi*, in *Silences* n° 1, La Différence, 1985.

6. F.B. Mâche, *La Musique au regard des sciences humaines et des sciences sociales*, colloque organisé par la Maison des Sciences, février 1994 : « L'analyse de la syntaxe des signaux [animaux] à l'aide des outils tels que sonographes, détecteurs de hauteurs, logiciel de notation etc., et conduite par un musicien, met en évidence une quantité de traits structurels (dans les formes sonores) et structuraux (dans le processus) trop importante pour qu'on y voie une convergence anodine et seulement pittoresque. »

7. P. Schæffer, L'art d'accommoder les restes, in *Silences* n° 1, La Différence, 1985.

Pas forcément car la musique s'écrit et se lit ! Mais, en effet, c'est un début de réponse. Le problème est que le Petit Robert et le Littré ne tiennent aucun compte du projet musical et ne décrivent la musique que physiquement. Le Grand Larousse y remédie en définissant la musique comme un art de combiner les sons de manière à produire une impression esthétique. Son objet est le son, son but le beau et l'art est le moyen pour y parvenir. La musique apparaît enfin comme une activité esthétique et projective. On remarque d'ailleurs que même dans les tentatives romantiques de définition de la musique, quand bien même on veut souligner ses horribles effets sur l'âme, ses déchirantes complaintes ou la profonde angoisse qu'elle suscite, on ne parle que de beauté. « C'est horriblement beau », répète inlassablement Berlioz dans ses *Mémoires*. Une beauté morbide, sanguinaire, satanique, avec la mort pour suprême aboutissement du choc esthétique, un « suicide par enthousiasme »[8]. Le jugement ultime serait donc esthétique...

Mais alors que dire des musiques militaires, rituelles, thérapeutiques qui ne sont pas élaborées autour d'un projet esthétique ?

---

8. H. Berlioz, *Les Soirées de l'orchestre*, Stock, 1980 (1854).

C'est tout à fait juste. Il faut donc étendre le concept et convenir avec Luc Ferry que le plaisir ne doit pas être négligé[9]. Et chacun y trouve son compte dans la beauté. Certains compositeurs aujourd'hui boudent le terme de beau parce qu'ils l'associent à l'expressivité facile, celle qui séduit l'oreille avant de solliciter l'esprit. D'autres en revanche comme Gérard Condé (sans doute en réaction à certaines dérives de l'avant-garde) ressuscitent la définition de Jean-Jacques Rousseau qui veut que la musique soit l'art d'agencer les sons d'une « manière agréable à l'oreille ».[10]

C'est entendu mais, même dans son acception la plus large, « agréable à l'oreille » ne raconte pas cinq siècles de musique. La musique s'adresse-t-elle à l'oreille ou à l'esprit ?

J'ai le sentiment que l'histoire de la musique s'est écrite depuis toujours sur une opposition idéologique, de la querelle des Italiens et des Français à celle des Bouffons, puis d'autres à toutes époques qui ont opposé Anciens

---

9. L. Ferry, *Homo æstheticus*, Grasset, 1990 : « Ce n'est pas parce que l'objet est intrinsèquement beau qu'il plaît mais à la limite parce qu'il procure un certain type de plaisir. »

10. G. Condé : « [Que] la musique [soit] l'art d'agencer les sons d'une manière agréable à l'oreille ne me paraît pas être une mauvaise définition. Agréable étant pris dans des sens relativement larges. La musique crée une sorte d'émerveillement pour celui qui la ressent. »

et Modernes. Même le siècle des Lumières n'est pas consensuel. Furetière parle de sens et de raison satisfaits par des accords agréables à l'oreille alors que la musique de Descartes, quatre-vingts ans plus tôt, doit plaire et émouvoir en nous des passions variées. À l'âge romantique, par exemple, le corps et l'esprit ont été intimement liés. Pour Berlioz, la musique ne peut être horrible mais doit être horriblement belle. De même qu'elle n'est pas faite pour tout le monde et que tout le monde n'est pas fait pour la musique.[11] C'est en 1842 que notre figure de proue du romantisme français, en proposant sa définition de la musique, introduit ces idées nouvelles.[12] La musique agit comme un sentiment. Elle provoque un trouble intérieur, une émotion, puis un mouvement hors de soi, une extase qui permet de sortir de sa position pour vivre l'instant présent dans une béatitude contemplative. Berlioz va d'ailleurs jusqu'à décrire ses émotions sous le choc du *Freischütz,* d'une symphonie de Beethoven ou de sa dernière composition.[13] Pour lui, la musique implique

---

11. H. Berlioz, *Lettre à elle,* in *La Gazette musicale de Paris* n° 5, 1835 : « Le sentiment profond des choses poétiques n'est que le partage des organisations exceptionnelles. »
12. H. Berlioz, *A Travers Chants,* Gründ 1969 : « L'art d'émouvoir par des combinaisons de sons les hommes intelligents et doués d'organes spéciaux et exercés. »
13. H. Berlioz, *Mémoires,* Garnier Flammarion ou *Lettres intimes,* Calmann-Lévy. L'émotion à son stade embryonnaire attaque la circulation du sang qui présente « d'étranges agitations ». Puis elle provoque des « contractions spasmodiques ».

la présence d'un récepteur au-delà de la simple perception auditive. Le compositeur doit convaincre et surprendre, l'auditeur comprendre et sentir. Le beau n'est plus seulement émotion mais expression. Avec en perspective, le secret espoir pour Berlioz de faire de la musique un langage référentiel. C'est bien dans cet esprit me semble-t-il qu'il rédige son traité d'orchestration et qu'il ajoute des programmes à ses œuvres symphoniques. La musique pure ne signifie rien, on peut donc tout lui faire dire, même l'indicible, vertu inaccessible à d'autres langages.

Cette question du langage musical et de l'expression est en grande partie résolue depuis le livre d'André Boucourechliev.[14]

Oui, c'est un livre passionnant. Boucourechliev démontre que comprendre une œuvre musicale ne consiste pas à entrevoir ce qu'elle veut dire ou engendrer

---

Alors viennent les larmes et « l'engourdissement des organes et la paralysie partielle des nerfs de la vue et de l'ouïe ». Parce qu'elle purge les passions, la musique devient cathartique et aristotélicienne. Elle favorise un retour à la normale chez une âme malade. Ensuite, elle engendre un mouvement vers l'extérieur.

14. A. Boucourechliev, *Le langage musical,* Fayard. L'auteur « explore le phénomène musical de l'intérieur, (met) en lumière ses mécanismes intimes dans leur constitution, leur fonctionnement et leur perception, (interroge) la forme musicale comme processus dynamique, guette les stratégies du compositeur au sein de l'œuvre, (évoque) enfin certaines grandes étapes du langage musical en évolution, tenues pour historiques. »

mais à saisir la pensée créatrice, l'invention, la forme et son développement pour en ressentir les effets, mêmes s'ils ne renvoient qu'à eux-mêmes. C'est ce que soulignait déjà Elie Faure en comparant peinture et philosophie, Cézanne et Hegel.[15] La musique est polyphonique, c'est sa grande force. Sa forme permet la superposition des phrases sans lui faire perdre son intelligibilité. Les propositions musicales n'ont ni contraires ni négations car le silence est un élément rythmique constitutif de sa prosodie. Silence ne signifie pas absence de musique mais absence de son, élément dont il n'est pas l'opposé mais le complémentaire. Dans le silence, la pensée musicale survit, comme dans 4'33 de John Cage, par exemple. Puisqu'elle n'a pas de contraire, la musique ne se discute pas, disait Nietzsche ![16]

On peut alors s'interroger sur les orientations contemporaines. *Texte, Commentaire, Parenthèse, Glose*

---

15. E. Faure, *L'Esprit des formes*, 1927 : « La grandeur d'un esprit n'est pas liée à ses facultés discursives, mais à son plus ou moins de force à exprimer, dans n'importe quel langage, ce qu'il conçoit. Et parce que Cézanne ne comprendrait pas toujours le langage d'Hegel, je ne vois pas pourquoi Cézanne serait un moins grand esprit qu'Hegel, qui ne comprendrait pas mieux j'imagine le langage de Cézanne. La philosophie elle-même n'est qu'une manière de parler. »

16. F. Nietzsche, *Le Gai savoir*, ed.10/18, 1957 : « J'ai soif d'un maître des sons disait un innovateur à son disciple, qui sache apprendre mes pensées et les exprimer à l'avenir de sa propre langue : ainsi je pénétrai mieux dans l'oreille et le cœur des hommes. Les sons permettent de séduire à toute erreur comme à toute vérité : qui songerait à réfuter un son ? »

sont des titres d'œuvres de Pierre Boulez. L'information appelée « paratextuelle » – le titre et les commentaires – nous renseigne désormais sur la fonction discursive de l'œuvre et non sur son contenu expressif, à l'inverse de « Tempête » ou « Adieux ». La forme, le matériau et la construction priment sur l'effet.

Les années 1950 et suivantes ont engendré une pléthore d'écrits de compositeurs, de notices de programmes, d'articles ou de publications... qui ont systématisé le commentaire dans une logique de « création théorisée ». À cela, au moins quatre raisons évidentes. La première, c'est que l'absence de langage musical commun a entraîné un enracinement par le paratexte car il a fait office « d'ancrage » en fixant le signifié. La deuxième est une certaine démission du milieu musical – la critique s'est détournée de la création – qui a contraint le compositeur à s'auto-promouvoir. La troisième est que le commentaire a suivi la recherche musicale car le développement rapide des technologies a imposé un mode d'emploi à ses utilisateurs. Enfin, le paratexte musical revêt une double fonction contradictoire : expliquer un langage trop complexe tout en restaurant la place primordiale du créateur. Autrement dit, même si le discours est insaisissable, c'est tout de même le compositeur qui parle en premier.

Mais commenter sur l'œuvre ou commenter dans l'œuvre ?

La frontière est infime mais dans le second cas, l'auditeur n'a plus le choix de l'occulter. Il se trouve dans la position de celui qui, à la création d'*Inori* de Stockhausen en 1974 à Paris, écoute une chanteuse, baguette à la main, lui expliquer ce que, parti trop vite, il n'aura pas eu le loisir d'entendre ! Le processus a été tellement ritualisé dans la création contemporaine que ne rien dire sur sa musique signifie se dresser contre une pratique intellectuelle et théoricienne de la musique et donc, s'inscrire dans un courant postromantique rétrograde. C'est ce que n'a cessé de faire remarquer Pascal Dusapin.[17] Le commentaire est inévitable, nul ne le conteste, ne serait-ce que pour référencer une œuvre musicale par un numéro mais le besoin d'une médiation avec le public pour appréhender les bouleversements esthétiques a généré une excroissance de cette masse d'intelligible. Certains, comme Hugues Dufourt, considèrent la notice comme « un geste démocratique » quand d'autres prennent le parti de l'incommunicabilité immédiate : l'utilisation isolée d'une terminologie personnelle et austère qui dénote une forme d'érudition.

17. P. Dusapin, in Le Matin des musiciens, France Musique, le 15/11/89 : « Quand on refuse de parler, on le paie. On est taxé d'être un intuitif, un humaniste qui se fie à une inspiration : on est un romantique. »

Nourrir l'illusion d'être inaccessible a sans doute favorisé chez quelques-uns le secret espoir d'être doué de génie…

Peut-être. Parfois l'œuvre et le commentaire s'entremêlent de manière déroutante. Je pense à Helmut Lachenmann qui a écrit cette belle formule : « *Le Beau, refus de l'habitude.* » Lachenmann passe pour un compositeur inaccessible mais son œuvre, à mon sens, possède une légitimité musicale qui se passe du truchement d'une posture élitiste et radicalement avant-gardiste pour exister et plaire. Ce même Lachenmann est allé jusqu'à dire : « *En Allemagne mes œuvres provoquent parfois des réactions. Certains disent que ce n'est pas de la musique (ce qui me rend vraiment fier).* »[18] Est-ce une parenthèse politique antinationaliste ou une parenthèse esthétique ? Un compositeur peut ne rien concéder à ses convictions profondes sans en tirer pour autant une fierté doctrinale. Cet exemple est symptomatique. Je préfère toujours la musique de Lachenmann à ce que lui ou d'autres en disent…

Le commentaire peut parfois être beaucoup plus inspirant. Claude Ballif, par exemple, dit qu'il « *adore le commentaire quand il est fait par un grand écrivain et*

18. H. Lachenmann, *Le Monde de la Musique* n° 171, novembre 1993.

***qu'il dérive. C'est une musique figurée.* » De même qu'on aime lire Boulez à propos de Klee ou Mallarmé...**

Les choses changent en effet. En ce début de XXIe siècle, le commentaire disparaît progressivement de la création contemporaine. Epictète semble avoir eu raison de l'œuvre réfléchie sur elle-même, « faire sans dire », et Jankélévitch apparaît moins néoclassique qu'au siècle dernier lorsqu'il affirmait que la musique, comme la poésie, n'était pas faite pour qu'on en parle.[19]

C'est une façon d'aborder la question de la réception, du goût du public qui est évidemment très fluctuant.

On en revient toujours au même point : si le beau détermine le degré d'habileté à penser musicalement, l'appréciation du beau nécessite un jugement motivé qui n'est ni spontané ni sensoriel. Il fait appel à la connaissance. Il ne faut pas s'étonner alors, de ce que la majorité du public de musique contemporaine soit constituée d'oreilles aguerries. Mais on constate, particulièrement ces dix dernières années, à quel point certaines œuvres qui semblaient irrémédiablement hermétiques ont trouvé un public, plus jeune d'ailleurs que celui de la musique classique qui tend à vieillir...

---

19. V. Jankélévitch, *La musique et l'ineffable,* Seuil, 1983 : « La musique a ceci de commun avec la poésie et l'amour et même le devoir : elle n'est pas faite pour qu'on en parle, elle est faite pour qu'on en fasse. »

Une définition commune de la musique vous est-elle apparue dans la série d'entretiens que vous avez menés en 1992 auprès de quatorze compositeurs ?

Je n'ai pas trouvé deux compositeurs qui donnaient la même définition ! Certains, comme Pierre Boulez, indiquent seulement des paramètres qui peuvent servir à définir la musique, ce qu'il a fait au Collège de France. De lui, je me souviens d'une belle formule justifiant le fait que les compositeurs puissent pousser leurs intentions jusque dans des impasses : « *Le doute annihile l'intention qui doit être plus forte que le doute.* » D'autres se sont prêtés au jeu de la définition. Selon François-Bernard Mâche, « *la musique est la rencontre de la pensée et du son.* » La démarche intellectuelle n'exclut plus la catégorie du sonore et du sensible. Jean-Yves Bosseur reprend une définition d'Edgar Varèse : « *corporification de l'intelligence qu'il y a dans les sons.* » Hugues Dufourt n'en pense pas moins mais sans encombrements sonores : « *Dialectique hégelienne effectuée* ». Contemporain ou presque d'Antoine Tisné dont la définition est d'un autre âge : « *la musique exprime une gamme d'impressions, de sentiments.* » Claude Ballif, plus elliptique et sensible aux « belles définitions » cite

Saint-Augustin : « *Ars bene movendi* ».[20] Claude Ballif en retient l'idée de modulation, « les seuils, les transitions ». La musique est l'art de structurer, discourir et organiser. Chose intéressante, une notion très importante, celle du temps, n'est apparue explicitement dans la mosaïque de définitions que chez deux compositeurs. Pour Jean-Claude Risset, « *la musique est une manière d'être absorbé par le temps en ayant l'illusion de le maîtriser* ». Il cite Boucourechliev : « *un système de signifiants (différences) qui structure le temps sous la catégorie du sonore* » et tend, en quelques mots, vers une définition universelle : « *Dialectique sensorielle avec ses aspects émotifs, cérébraux et connotatifs* ». Le temps de Michèle Reverdy est plus subjectif et métaphysique, « *la musique fixe le temps dans le présent (...) elle est un moyen de conjurer la mort, la peur de disparaître, et donne [à l'auditeur] l'impression d'être éternel.* »

Il existe autant de définitions de la musique que de musiques contemporaines et de compositeurs. Il n'y a finalement que la définition de Pascal Dusapin qui puisse faire l'unanimité : « la musique, c'est formidable ! »

20. *De Musica* est d'ailleurs le premier ouvrage écrit par un grand penseur occidental consacré entièrement à la musique. La réflexion se développe dans une perspective théologique en vertu de laquelle la source des harmonies éternelles se trouve en Dieu, et la pratique de la musique doit impérativement s'enraciner dans le dogme chrétien de l'Évangile.

Elle a au moins le mérite d'être enthousiaste ! En guise de conclusion, je vous en en ai apporté deux autres que je vous livre dans leur intégralité. Une de John Cage qui me paraît porter en elle la volonté de répondre exhaustivement à la question posée et révèle une forme d'impuissance : « *La musique met l'âme en branle (…). La construction en musique est sa divisibilité en mouvements, périodes et phrases. La forme est la continuité vivante de tout cela : elle est donc déjà paradoxalement, du contenu. Nous appellerons méthode l'ensemble des moyens de contrôler la continuité d'une note à l'autre. Le matériau de la musique est le son et le silence. Composer, c'est mettre en rapport matériau, construction et forme à l'aide de la méthode (…). La construction est du domaine de la raison : car raison et construction veulent toutes deux que les choses soient définies et les lois observées. Au lieu que la forme ne peut naître que de la liberté. Elle appartient au cœur, et la loi à laquelle elle obéit – s'il y en a une – n'a jamais été définie et a peu de chances de l'être jamais.* »[21]

Et la plus récente enfin, qui vient de m'être donnée par Philippe Manoury : « *Tous les sons perçus comme relevant d'une forme sensible, cohérente et esthétique, deviennent musique. Ce qui est entendu comme de la musique varie toutefois grandement selon les individus et les cultures. La*

---

21. J. Cage, in *Le Musicien dans la cité*, Revue musicale, Éditions Richard Masse, 1977 (1949).

musique peut tout aussi bien exprimer ce qui ne lui est pas consubstantiel que renvoyer à elle-même dans un rapport tautologique : elle se dévoile en se déployant. Semblable en cela aux mathématiques, elle ne se laisse réellement appréhender qu'au moyen des codes qui la sous-tendent. La meilleure musique, pour moi, est celle qui mobilise le plus de fonctions de mon être. La pire, se déroulant invariablement dans un flux informe, me laisse passif, indifférent, sinon furieux. La bonne musique n'existe pas sans apprentissage préalable, sauvage ou raffiné. Si l'on abandonne le souci de développer la connaissance de la musique, sous ses différentes formes, celle-ci, en tant qu'art, disparaîtra de notre civilisation. »

Espériez-vous trouver la bonne et unique définition ? En avez-vous écrit une à votre tour ?

J'aurais aimé écrire celle de Leibniz : « *La musique est un exercice occulte de l'arithmétique de l'âme qui ne sait pas qu'elle compte.* »[22] Mais dans la mesure où il est plus intéressant de chercher la bonne définition que de la trouver, il est souhaitable qu'elle n'existe pas. C'est un divertissement linguistique, un voyage circulaire au cœur d'une collectivité qui regarde au centre le même objet sans en voir les mêmes contours. Autant de points de vue sur une notion

22. G. W. Leibniz, *Dissertation sur l'art combinatoire,* 1712.

universelle dont la connaissance est spontanée et pour laquelle un enfant en bas âge n'a jamais ressenti le besoin de demander la moindre définition ou explication... C'est aussi une manière ludique de s'interroger sur la création musicale et l'idée que le compositeur d'aujourd'hui s'en fait. Étant entendu que nous ne parlons ici que de musique « savante » dite contemporaine, par opposition à une musique « populaire » dite actuelle. La première rêvant du succès de l'une et la seconde de la légitimité esthétique et historique de l'autre. C'est enfin, dans nos métiers de la production, une réponse polie aux partisans d'une pensée unique et étroite, très souvent tue mais encore nocive, qui n'envisage la musique qu'au travers de son pouvoir de séduction immédiate ou de son audience potentielle, et pour qui la création contemporaine n'offre qu'une déformation artificielle et cérébrale de la musique.

En vingt années, vous avez rencontré puis collaboré avec de nombreux compositeurs français ou étrangers, toutes générations confondues, célèbres pour certains. Qu'ont-ils en commun ?

Pour commencer, et c'est un premier trait qu'ils partageront, aucun d'entre eux ne cautionnera un tel exercice qu'il jugera à raison « caricatural ». Mais je le fais d'autant plus volontiers que je fréquente aussi des metteurs en scène, des plasticiens, des auteurs, des architectes... Alors je ne peux m'empêcher de comparer, d'observer les poncifs de chaque métier, ces structures qu'on trouve exagérées et qui souvent en disent long... Je vous parlais du caractère saturnien du compositeur que j'associe à l'immatérialité de la musique. J'ajouterais l'érudition comme cause majeure de leurs tourments intérieurs. Le compositeur doit conjuguer la spontanéité poétique avec un *background* technique et historique qui peut être pesant à acquérir dans un premier temps, et difficile à évacuer ensuite. Cinq siècles de musiques peuvent s'abattre sur lui à chaque fois qu'il écrit une mesure, ce qui n'est pas sans générer quelques inhibitions. Enfin, les compositeurs dont nous parlons, ceux qui bien qu'identifiés ne sont pas séduits par les sirènes de la popularité, ont statistiquement très peu de chances de tirer un profit ou une gloire de leur vivant à la mesure de l'idée qu'ils se font de leur travail. Un tableau ou un livre peuvent toujours faire l'objet d'une spéculation sans compromission artistique initiale. Il me semble que le peintre ou l'écrivain pensent à la postérité plus tardivement que le musicien. Ils sont plus ancrés dans l'économie de marché, donc dans le présent. Le compositeur en revanche doit se projeter dans l'après s'il veut donner du sens à son labeur quotidien. Cette sensibilité à la reconnaissance posthume lui donne de la gravité (repli sur soi égotique), de la hauteur (une prédisposition aux réflexions métaphysiques) et une bonne dose de mysticisme qu'il dissimule sous un formalisme scientifique.

Troisième partie
Vingt ans déjà : mise en perspective des réponses de Pascal Dusapin

En 1992, Olivier Mantei entreprenait un travail original, cité à plusieurs reprises dans la partie précédente : interviewer 15 compositeurs (Claude Ballif, François Bayle, Jean-Yves Bosseur, Pierre Boulez, José-Luis Campana, Jacques Chailley, Michel Chion, Gérard Condé, Hugues Dufourt, Pascal Dusapin, Renaud Gagneux, François-Bernard Mâche, Michèle Reverdy, Jean-Claude Risset et Antoine Tisne) en leur demandant de définir la musique. Les réponses sont passionnantes, variées et surtout révélatrices de l'état d'esprit qui régentait alors un monde musical tiraillé entre l'héritage dogmatique de l'avant-garde des années 1970 et les premiers questionnements sur l'incertitude esthétique des années à venir. À cette époque, Pascal Dusapin, né en 1955, n'a pas encore 40 ans. Il est déjà un compositeur reconnu mais jouit d'une liberté plus grande que celle de ses confrères. Qu'en est-il aujourd'hui ? Est-il rentré dans le rang ? Ces questions, survenues au cours de nos séances d'entretien, ont donné à Olivier Mantei l'envie d'interroger à nouveau Pascal Dusapin et de lui poser les mêmes questions, vingt ans après...

Michel Archimbaud et Paul-Henry Bizon : Au cours de nos discussions, l'idée vous est venue de mener cette expérience : poser à Pascal Dusapin les mêmes questions que celles que vous lui aviez posées vingt ans auparavant. Pourquoi avoir souhaité cette confrontation et que nous apprend-elle ?

Olivier Mantei : En 1992 j'avais été frappé par la liberté de parole de Pascal Dusapin. Il cumule par ailleurs les critères d'identification que nous venons d'évoquer : il vit de la composition, connaît un succès au-delà de nos frontières, bénéficie de la reconnaissance quasi unanime de ses pairs et le nom qu'il s'est fait tient plus à son métier de compositeur qu'à ses autres activités. Enfin, il est assez joueur pour accepter une telle proposition. Je laisse à chacun les analyses qu'il voudra faire de ses réponses qui ne manquent pas de piment. En vingt ans le compositeur n'a pas réellement changé, il a mûri et modifié ses points de vue parfois... En revanche, la lecture croisée de ces brefs entretiens révèle combien le contexte de la création a évolué. Le regard sur l'institution, celui du public, des médias, et certainement celui aussi des compositeurs sur eux-mêmes et sur ces cinquante dernières années de création. On n'a plus besoin de livrer bataille pour faire entendre ou reconnaître les chefs-d'œuvre de la fin du XXe siècle. Le public ciblé s'est ouvert puis formé, et les jeunes générations mélomanes sont moins réfractaires à la musique contemporaine que leurs aînés. Les dogmatismes d'un camp à l'autre se sont estompés, les débats d'idées sont moins prégnants, les politiques moins concernés, les enjeux économiques déterminent les choix de manière plus radicale qu'avant. Non sans le risque d'une forme de banalisation qui pourrait mettre à terme la création en danger. Mais je crois que l'exigence esthétique dans le choix des auteurs, des compositeurs est aujourd'hui plus que jamais compatible avec l'ambition démocratique d'une diffusion accrue de la création.

ENTRETIEN AVEC PASCAL DUSAPIN,
Paris, le 13 juillet 1992

Olivier Mantei : Diriez-vous que vous êtes un autodidacte ?

Pascal Dusapin : Pourquoi ? L'autodidactisme est-il une valeur ?

Vous allez peut-être me le dire. Certains compositeurs utilisent ce mot.

Il faut distinguer deux types d'autodidactes. Ceux qui apprennent, seuls, les fondements de la musique, et ceux qui apprennent, seuls, la composition, soit la quasi-totalité des compositeurs. C'est donc toujours une forfaiture de se présenter comme un autodidacte. C'est la moindre des choses de l'être. N'en parlons pas.

Votre formation ?

Elle n'est pas académique. Vers 18 ans, je me suis intéressé à la musique dite contemporaine et je suis allé à l'université où Xénakis enseignait. C'était un véritable maître pour moi. Il n'exigeait rien, ne m'imposait aucune pression et j'ai toujours éprouvé pour lui une grande admiration ; il n'a pas fait de moi un petit Xénakis, à l'inverse des élèves de Boulez qui deviennent bouléziens ou bien d'autres encore. Lorsque Xénakis évoquait Platon, je lisais tout Platon. Il parlait peu de musique. Il n'a pas un esprit proprement musical. Il était plus souvent question de formes, d'architecture, de mathématiques.

Et les conservatoires ?

Je suis allé un an chez Messiaen, comme auditeur.

Alors, ni médaille ni premier prix.

Non, je m'en foutais. C'est attristant de voir à quel point, désormais, le cursus universitaire est placé au-dessus de l'exercice même de la composition. À l'Ircam, par exemple, on y voit des gens qui font des thèses de 800 pages sur des œuvres qui sont des sous-produits de la thèse.

Cette formation « peu académique » ne vous vaut-elle pas quelques dénigrements de la part des autres compositeurs ?

Oui. Mais peu m'importe. Je n'ai pas présenté les pattes blanches qui leur convenaient... Je ne suis pas très impressionné par l'érudition. Ce sont des gens très faciles à démonter. Leur gestion du savoir n'est pas nécessairement celle de la connaissance. Et, du fait de n'être pas passé par les conservatoires, j'ai dû faire comme les Juifs en URSS, bosser deux fois plus. (Rires) Ça m'a rendu service. Par ailleurs, je n'ai pas les inhibitions que je rencontre chez d'anciens élèves du Conservatoire.

Vous inscrivez-vous dans un courant aujourd'hui ?

Ce n'est pas nécessairement à moi de répondre à cette question. En France, on aime bien les tiroirs idéologiques. Il y en a surtout un, la musique spectrale. Je n'y suis pas. Mais j'ai un grand respect pour ceux qui pratiquent cette technique quand elle ne devient pas un système idéologique. D'une manière générale, je suis ouvert, bien qu'extrêmement sévère sur tout ce qui est dogmatique. Et le dogmatisme est, actuellement avec l'Ircam, une question afférente à celle de la technologie. Et avec la question de la science, c'est la seule intéressante aujourd'hui.

Vous désapprouvez la prédominance de l'appareil scientifique dans la création musicale ?

Non, si les compositeurs ont besoin de ces outils. Mais il me semble qu'ils n'ont pas pensé cette relation à la technologie. Je veux dire, penser ontologiquement. Qu'est-ce que c'est qu'une machine, qu'est-ce que ça veut dire musicalement, techniquement et surtout socialement et politiquement ? Tout cela est recouvert par des questions de nécessité historique.

Et pourtant les discours sur la musique abondent.

En rentrant dans « un système scientifique », la musique a été obligée de rentrer dans une dialectique qui était propre aux sciences. Celle des publications, de la « justification » ; communications, colloques, séances de réflexion etc.... Pour la première fois dans l'histoire de l'Occident, les musiciens ont placé quelque chose au-dessus de la musique comme si le penser musical avait besoin d'une validation, la seule que puisse reconnaître la société : la science. Si, au cours des années 1960, que j'appelle cybernétiques, l'œuvre de Xénakis avait été présentée au monde par le seul moyen de son résultat, elle aurait encore eu plus de mal à émerger. Xénakis, sans le discours corollaire, méta-musicalo-scientifique, aurait perdu en socialité et n'aurait pas accédé à la gloire qui est la sienne. Quand il parlait informatique, il était compris du patron d'IBM France. Ce langage a favorisé une meilleure communication avec les gens de pouvoir et avec le public, baigné par une idéologie de fusée et d'air conditionné. Alors, la réflexion sur l'œuvre, la seule question intéressante : « qu'est-ce qu'une œuvre ? », baissait au profit d'une autre, communicative, sensée : faire le pont entre les continents de l'œuvre et ce que pouvait comprendre le public, fût-il extrêmement élitiste. Enfin, j'ai fait l'expérience cent fois. Vous discutez avec un type qui travaille dans l'informatique pétrolière et qui ne connaît pas la musique contemporaine, vous lui parlez de systèmes de simulation et d'organisation de sons... ; il se branche tout de suite et réintègre la plus haute idée du travail du musicien.

Inversement, le mélomane qui ne comprend rien à l'informatique, pourra-t-il se brancher de la même façon ?

Statistiquement, il fera un rejet, et une erreur aussi. Il dira : « la musique n'a rien à voir avec le calcul, etc.... ». Il n'aura pas nécessairement tort, mais pas raison non plus. On sait bien que la musique a une partie liée, de façon organique, et depuis très longtemps, à la pensée mathématique. C'est le XIXe siècle qui fout la merde. C'est un très grand siècle ; j'adore Schubert, Schumann, mais l'image qu'il a produite de l'artiste est catastrophique.

Il est arrivé que l'on vous traite de romantique. Dans ces moments-là, comment réagissez-vous ?

En général, je demande ce qu'est un romantique et la discussion s'arrête assez vite. Le romantique est perçu comme celui qui fait passer ses affects avant des questions purement formelles. C'est une erreur absolue. Il suffit d'écouter Chopin, l'archétype romantique, la Brigitte Bardot du XIXe siècle ; il a un formalisme et un contrôle conscient de tous ses paramètres. Il ne se laisse pas aller à l'improvisation. Schumann est lui aussi très mal entendu, d'autant qu'il était fou à la fin de sa vie. Son concerto pour violoncelle, toujours considéré à la limite du supportable, est en fait une œuvre extrêmement consciente. Elle est même extrêmement prophétique, essentiellement d'un point de vue formel. Schönberg, Janàček, Sibelius s'en inspireront quelques fois. Ce n'est pas un hasard, si en France, on ne s'intéresse pas à ces musiciens « périphériques », dit-on, parce qu'ils ne pensent pas la musique dans la tradition post-XIXe. J'insiste sur Sibelius, considéré bêtement par les commentateurs radio, comme quelqu'un qui travaille dans la rhétorique brahmsienne ; c'est confondre la Tour Eiffel avec la Madeleine, au niveau architectural.

Le terme d'intellectuel revient…

Je vous interromps. Quelquefois, je passe pour un romantique expressif, expressionniste et, parfois, on me dit que je suis un intello. Que penser ? Mais, je vous ai interrompu…

Le terme d'intellectuel revient très souvent dans les débats sur la musique contemporaine. Qu'en pensez-vous ?

C'est un manque de culture. C'est un mot – une fonction sociale – inventé par Sartre. C'est aussi un moment très court de l'histoire de l'après-guerre. La figure de penseur public qui se pose comme réflecteur à la vie dans la cité, et non pas celui qui pense sur les œuvres ; ce n'est pas le philosophe. Deleuze et Heiddeger ne sont pas des intellectuels comme le disent certains journalistes. B.H.L. est un petit intellectuel. Apposer le terme d'intellectualisme à celui de musique, c'est une erreur sémantique. La musique se pose très rarement dans une réflexion au monde, à la politique. Et d'ailleurs, les intellectuels ont disparu à la mort de Sartre.

Et si l'on sous-entend derrière ce terme, la prédominance de l'idée, de la pensée dans la composition ?

Admettons alors que les compositeurs sont des intellectuels : je dis bravo ! L'intellectuel est donc celui qui pense. Exiger le contraire d'un compositeur, c'est opprimer la musique dans un secteur purement ludique, jovial, et faire fi de toute l'histoire musicale de l'Occident. Pourquoi n'écoute-t-on pas Beethoven comme on lit Hegel ? Pourquoi rabaisser la musique à une dimension sensorielle ? Elle peut l'être. Mais pas uniquement.

Peut-elle ne pas être sensorielle du tout ?

C'est une critique que l'on faisait souvent aux compositeurs de la Renaissance. Pour certains, Bach c'est encore trop intello. La musique de Palestrina demande un effort constant. Elle est « intellectuelle » et ce qui est du domaine de l'injure devient un compliment. En revanche, la musique depuis 30, 40 ans est, dans sa majeure partie, phobique. Elle a peur de la chair, du sang, du sperme, de la merde. Elle est chlorophilisée, hygiénisée.

C'est un air du temps ?

Tout à fait, et la pratique de la musique par ordinateur implicite cette rhétorique du pur. Tout est contrôlé et le rapport au son a changé ; la distorsion n'est permise que si elle est conçue comme telle, et dans ce cas, elle n'est pas un débordement. Les instruments partent exactement sur le temps, au millième de seconde. C'est une musique avec des angles orthonormés, parfaits. Dans la musique rock, c'est différent. Tout y est un peu de travers. Mais, même Jimmy Hendrix est inimaginable aujourd'hui. Sauf certains styles, hard rock, heavy métal, où ils ont le droit de faire pipi caca. Alors, d'un côté, vous avez les grandes figures de l'Ircam qui font des colloques, qui contrôlent les thèses des autres, qui fliquent tout le monde, qui deviennent de véritables oppresseurs staliniens, à la base strictement idéologique, et qui font des musiques où tout est formalisé, même le sale. Et, de l'autre, vous avez Aperghis. (Rires) On le laisse faire joujou dans sa cour. Il a cent fois plus de public que les gens de l'Ircam, omnipotents, ventripotents, se réveillant tous les matins en pensant être de grands penseurs, de grands musiciens du XXe siècle. Tout ceci est très amusant.

Vous sentez-vous isolé dans le paysage musical français ?

Absolument pas. J'ai un boulot d'enfer. Je suis joué, écouté – mais ce n'est pas une valeur – disons que je peux vivre de mon travail.

Au fait, quelle est votre profession ?

Je ne dis jamais compositeur. Je dis architecte pour que l'on ne me pose pas trop de questions.

« Compositeur », ça fait mauvais genre ?

Non, mais il faut tout expliquer. Ce n'est pas une profession repérée socialement. Je n'aime pas dire compositeur. Monteverdi, Beethoven pouvaient le dire.

Vous ne vous situez pas sur la même ligne de crête que ces compositeurs ?

Ah non ! (Rires) Absolument pas.

Et la postérité, vous y pensez ?

J'ai déjà du mal à me calibrer sur le présent. Je ne me sens pas historique. Contrairement à certains de mes confrères. Quand je pense à l'avenir, je pense à mes enfants. Ils m'ont fait retomber sérieusement les pieds sur terre ; c'est d'ailleurs une réflexion qu'il faudrait poursuivre. Les compositeurs ont peu de gosses. À l'Ircam, il n'y en a pas. C'est incroyable. Pas de femmes non plus, pas de cul, quoi. (Rires) Ça picole pas, ou très peu. C'est encore un peu IIIe République. Des petites vestes ringardes, des chemises boutonnées en haut. C'est sinistre. En France seulement, ailleurs ce n'est pas le cas.

Et, contrairement aux écrivains, ils parlent très peu de leur vie privée.

Oui, mais heureusement. C'est leur grandeur et leur misère. Ils sont à l'abri de cet égocentrisme-là. Ils en ont d'autres.

Vous est-il arrivé d'écrire une définition de la musique ?

Non, jamais. C'est une question qui doit être développée très précisément. Ou alors je dis : « la musique, c'est formidable ! Tiens, mon voisin joue du rock'n'roll ».

Il vous arrive d'en écouter ?

Quand il est bon. Mais j'aime surtout le jazz. J'aurais aimé devenir un musicien de jazz. Il faut être idiot pour ne pas comprendre ce qu'il y a dans un solo de Coltrane.

Il est pourtant peu apprécié des compositeurs.

Ce sont des ignorants. Amers et méchants. Mélancoliques, sombres, saturniens, névrosés, un peu hystériques.

Romantiques en quelque sorte ?

Oui, tout cela génère un romantisme très spécifique. C'est fou.

ENTRETIEN AVEC PASCAL DUSAPIN, Paris, le 13 mai 2013

Olivier Mantei : Diriez-vous que vous êtes un autodidacte ?

Pascal Dusapin : (Rires) Je ne me souvenais pas de cette question ! Si on excepte ce qui relève de l'apprentissage des outils fondamentaux de la technique, tout créateur est nécessairement un autodidacte. Il doit apprendre par lui-même à construire. Il ne peut le faire qu'en regardant, en écoutant, en pensant ailleurs. On dit souvent que je suis autodidacte parce que je ne suis pas un produit de conservatoire qu'on peut présenter par un *curriculum* du genre : « Tout petit il est rentré à l'école, il a eu son prix de solfège puis il est allé au grand Conservatoire à seize ans dont il est sorti avec douze premiers prix, etc. ». Je n'ai pas suivi ce parcours et je suis discret sur ma formation pour des raisons qui me sont très personnelles. Certaines personnes, pour être désagréables, disent que je suis un autodidacte parce qu'ils pensent que je n'ai aucune formation repérée. J'ai une jolie anecdote à ce sujet. Un jour, un ami musicien m'a raconté que, lors d'une discussion avec Pierre Boulez, ce dernier lui avait dit : « Ah oui, Dusapin, oui… Mais c'est un autodidacte. » Et cet ami lui avait répondu : « Mais vous aussi vous êtes un autodidacte ! » Ce à quoi Boulez avait répondu : « Oui, Oui… C'est vrai. »

En deux mots, quelle a été votre formation, médailles, premiers prix… ?

Pour des raisons disons biographiques, je n'ai pas pu suivre une formation classique mais qu'on se rassure, j'avais une relation très naturelle avec l'écriture, le solfège, l'écoute… C'est un peu comme l'écriture normale. Est-ce qu'on se souvient vraiment du moment où l'on a appris à lire et écrire ? On se souvient à peu près de la période… Mais c'est difficile de se remémorer le moment exact. On le voit bien quand on a des enfants, c'est un processus très lent et presque naturel. Mon rapport à la musique est de cet ordre. Sans entrer dans la biographie, mon parcours est très particulier et il est lié à des événements très douloureux. D'une certaine manière, c'est ce qui m'a préservé de l'académisme moderne. Comme Xenakis. D'ailleurs, ce n'est pas pour rien si je l'ai rencontré très jeune.

A votre avis, quel regard portent sur vous les autres compositeurs ? Comment êtes-vous perçu ?

J'ai de très grands amis compositeurs que j'admire comme Wolfgang Rihm ou Georges Benjamin, qui sont des gens avec qui je me sens très lié. Je ne les vois pas souvent mais j'ai le sentiment d'avoir une relation presque continuelle avec eux (surtout Wolfgang). Je m'informe toujours de leurs travaux, j'écoute tout ce qu'ils font. Mais j'écoute beaucoup tous les compositeurs. En France, la situation est particulière. J'y ai des amis mais je ne pourrais pas dire de grands amis. Alors, comment me perçoivent-ils ? Je dirais tout bêtement : certains pas si mal et puis d'autres probablement assez mal. Pour des raisons qui tiennent probablement à l'orthodoxie de ce métier. Par exemple, dans les années 1990, j'étais un des rares à ne pas aller à l'Ircam, ce qui était très mal vu. Certains textes de cette époque étaient très virulents. Je me souviens d'un article qui dit clairement que je suis anhistorique parce que je refuse la confrontation avec la technologie. J'ai toujours été un peu sur les côtés mais ça me plaît.

Aujourd'hui, quel regard portez-vous sur l'Ircam, l'institution ?

L'Ircam a beaucoup changé. Je pense qu'aujourd'hui, c'est une institution de production.

Votre regard sur l'Ircam a donc changé ?

Pas tellement. Je suis moins à cran parce que personne ne cherche à m'en éloigner. L'Ircam m'a souvent proposé des projets comme on avait fait avec *To Be Sung* aux Amandiers en 1994 ou *Roméo & Juliette* pour la production de l'Opéra Comique en 2008. La situation n'est plus du tout idéologique aujourd'hui, elle est uniquement productive. On le voit bien avec les productions d'opéras qui profitent des moyens de l'Ircam. C'est une forme de microcapitalisme qui tend en permanence à accroître les forces de production et c'est bien naturel. Si vous faites un opéra avec l'Ircam, vous pouvez compter sur un certain nombre de *flyers* et de pubs sur leur réseau, leur site… Le label est très positif à l'extérieur du pays. Pour ma part, j'essaye toujours de suivre ce qui s'y passe mais le monde de l'électronique a profondément changé. Il s'est considérablement miniaturisé, fluidifié, « naturalisé » en quelque sorte. En revanche, ce qui relève de la recherche à l'Ircam est vraiment du domaine de la très haute spécialité et de la recherche pure. C'est essentiel de le reconnaître. Mais être compositeur et pointer là-bas tous les matins pour en ressortir le soir, franchement, c'est au-dessus de mes forces.

Quand vous devez caractériser votre musique à un tiers, la situer dans les courants, les écritures, que dites-vous ?

Heureusement, on ne me pose plus tellement cette question ! (Rires) Parce qu'on a compris que je n'aimais pas y répondre. Mais à vous je dirais que je suis probablement un compositeur des marges, en tout cas d'une certaine marge de l'Histoire – si tant est que je puisse invoquer l'Histoire. Je veux dire par là que ce qui était très établi comme principe de fonctionnement relevait du matérialisme historique. Nous avons traversé une période post-marxiste où tout était jugé et commenté à l'aune des nécessités de l'Histoire. Quand j'avais vingt ans, dans les années 1970, quelque chose nous disait : « C'est là qu'il faut aller. » Nous étions dans des années de troubles assez fortes après la grande époque de la musique sérielle. J'ai découvert la critique de cette époque. Elle était très positive parce qu'elle était active. C'est-à-dire que c'était Cage, les musiques graphiques de Stockhausen, c'était Morton Feldman… des musiciens très étranges, presque fous mais assez drôles au fond et surtout très éloignés du rigorisme prude des années 1960. Je m'intéressais aussi beaucoup à certains compositeurs électroniques comme Pauline Oliveros, par exemple, que personne ne connaît aujourd'hui. J'avais vingt ans en 1975, le sérialisme remontait à l'année de ma naissance, c'était la nuit des temps pour moi et je m'en foutais complètement. Non pas des musiques que j'écoutais – par exemple, j'adorais *Pli selon pli* de Boulez – mais je ne m'intéressais pas du tout au système sériel que j'avais pourtant scrupuleusement étudié comme on étudie l'harmonie classique. En revanche, il y avait la grande figure de Iannis Xenakis ! Il représentait pour moi l'image du révolutionnaire intégral et sa musique me faisait un effet invraisemblable. Je pouvais avoir des crises de nerfs en écoutant cette musique tellement je l'aimais. Elle semblait rejoindre toute la rumeur du monde, elle était d'une actualité sensationnelle comme une onde de choc infinie. Xenakis était pour moi « LE » contemporain ! Ce n'était pas une spéculation sur le futur, c'était maintenant. Ce n'est que quelques années après que les choses sont devenues, à mon sens, de nouveau emmerdantes (mais j'ai mis très longtemps à le comprendre) avec le spectralisme. Non pas que les spectraux aient fait de mauvaises œuvres, bien au contraire. Je suivais tout, j'écoutais tout. J'ai assisté à quasiment toutes les créations de Grisey ou de Murail à cette époque. Mais leurs idées sur l'avenir me semblaient si idéologiques et si convaincues d'elles-mêmes que cela me donnait envie de fuir.

À cette époque-là, la musique était un art à trois temps. Un art composé/écrit, interprété et expliqué. Le commentaire était souvent associé à l'œuvre. Nous étions en plein structuralisme et le métalangage était un passage obligé. Quel regard aujourd'hui portez-vous sur cette mode et pensez-vous qu'on en est sorti ? Quel double regard portez-vous, en tant que compositeur et en tant qu'historien de la musique ?

D'abord, vous l'avez dit vous-même, ce n'était pas une spécificité de la musique. Aujourd'hui, c'est encore une question que je pose en permanence : comment relier la musique au monde de la pensée ? Au plan conceptuel, la musique a toujours dégagé un sentiment de solitude immense. Dans ces années-là, on discutait et on bataillait partout. Il n'y a qu'à se référer à la littérature et au groupe Tel Quel avec Denis Roche, Philippe Sollers, Francis Ponge… C'étaient aussi les grandes années de Barthes, de Foucault, de Derrida… Le Nouveau Roman, encore très présent, continuait de poser la question de l'objectivisme.

Godard était au faîte de son influence, le théâtre créait un espace critique permanent, etc. À seize ou dix-sept ans, je me souviens avoir assisté à des représentations du *Living Theatre* dont j'ai un souvenir insensé. J'ai vu aussi les tout premiers spectacles de Bob Wilson, même le *Prologue au Regard du sourd* ! Je me souviens aussi des six heures d'un concert de Philip Glass à la gare d'Orsay qui abritait le théâtre Renaud-Barrault. À Paris, grâce au Festival d'Automne, on assistait à des événements très spectaculaires toujours amplifiés de commentaires fracassants. Les gens parlaient beaucoup, il y avait des conférences partout, les débats étaient très animés... Aujourd'hui, vous avez le sentiment de toujours jouer seul au tennis ! En 1974, j'allais à l'Université de Vincennes et je me sentais entraîné dans un maelström de paroles infini. Ce qui n'était pas sans poser quelques problèmes car les gens pouvaient être très autoritaires. Ce qui était à l'œuvre relevait d'une forme de radicalité, de recherche de la pureté, le tout envahi par des ambitions et des utopies politiques souvent confuses. Il se disait tout et n'importe quoi mais c'était passionnant. Je me souviens quand j'allais écouter Deleuze, c'était invraisemblable ! J'avais 18 ans, je ne comprenais rien à ce qui se passait mais je le vivais avec une grande intensité. Toute la société vivait très intensément. Les féministes, par exemple, étaient très actives. Les femmes se battaient comme elles ne se battent plus aujourd'hui ! L'époque était agitée par un débat politique permanent ! La question du commentaire dans la musique contemporaine est évidemment liée aux caractéristiques de cette époque. J'en parle au passé parce que je décris un souvenir, une époque mais je ne suis pas si sûr que cela ait vraiment disparu aujourd'hui. Je sais pour ma part que très tôt, je ne voulais pas parler de ma musique. Je défie n'importe quel musicologue ou étudiant en musicologie de fonder un discours technique sur ma musique à partir de ce que j'ai écrit. Je ne l'ai jamais fait. Et même au Collège de France je ne l'ai pas fait ! Je parle toujours de « l'avant », jamais du moment de la création. Je décris des environnements propres à mon travail mais au sens purement musical, je ne rentre jamais dans l'élaboration de concepts pas plus que je ne « rentre » dans les notes. Pourquoi je ne le fais pas ? Pour deux raisons. La première c'est que j'ai vu Xenakis le faire jusqu'à le regretter. Il me l'a dit. Il disait que cela ôtait une part du mystère aux œuvres. On oublie chez Xenakis qu'à peine un tiers de sa musique est formalisé. Pour le reste, il écrit à l'instinct comme le faisaient Brahms ou Beethoven. Il ne justifie pas ses œuvres par rapport aux mathématiques autant qu'on pourrait le croire. Mais il s'est avancé dans des correspondances axiomatiques avec les mathématiques intenables. Les mathématiciens voyaient bien que la musique et les théories de Xenakis ne produisaient pas d'axiomes mathématiques. J'ai compris cela très vite. J'ai un tout petit peu imité cette posture quand j'avais une vingtaine d'années, j'ai écrit aussi quelques notices de programme très sibyllines. Puis j'ai adopté une attitude d'apparence plus philosophique qui consistait à poser cette simple question : « Qu'est-ce que vous entendez ? ». J'ai toujours eu un grand intérêt pour l'art minimal et j'avais été très impressionné par cette phrase de Donald Judd : « Ce que vous voyez est exactement ce que vous voyez. » Je trouvais ce postulat génial parce qu'il renvoyait le regard à la chose telle qu'elle était et non à celle telle qu'elle était supposée être ou devenir. Cette simple assertion assommait d'un seul coup toutes les interprétations qui voulaient perturber la réception des œuvres. J'aimais beaucoup cette revendication ontologique. La revendication d'une « étantité » comme disaient les philosophes. Alors, j'ai choisi de ne plus rien dire. Aujourd'hui je parle souvent beaucoup de mes partitions mais je ne dis jamais rien.

A l'époque du premier entretien, vous passiez pour un romantique. Quel regard portez-vous aujourd'hui

sur cette qualification ? Est-ce que c'est un adjectif qui vous colle encore à la peau ?

Au moment de la création de ma pièce *Niobé* (1983) et parce que certains trouvaient cette musique trop expressive, on m'a presque accusé d'être proche de ce qu'on appelait en peinture la trans-avant-garde. Ce mouvement était au fond une réaction à l'art minimal qui, par le biais de certains de ses représentants mineurs, ses gardiens du temple dénués de talent, était devenu rigoriste, idéologique, autoritaire et persuadé de lui-même. La trans-avant-garde était un mouvement théorisé par Achille Bonito Oliva et qui représentait des artistes surtout européens de la fin des années 1970 et du début des années 1980 comme Enzo Cucchi, Sandro Chia, ou l'américain Julian Schnabel associé au mouvement par son néo-expressionisme. Ces gens-là qui disaient : « Vous nous emmerdez avec vos formes carrées blanches sur noir, nous on va dessiner des filles à poil avec des gros seins ! » (Rires) Et ils le faisaient. Ils sont revenus à une forme de figuration que les gardiens du temple minimaliste associaient à des valeurs du passé. C'était faux naturellement. Trente ans après on peut regarder cela d'un point de vue beaucoup plus détaché et cela ne choque personne de voir une pièce d'Enzo Cucchi à côté d'une de Robert Ryman. A l'époque, tout ce qui relevait de la représentation du réel était interdit. Dans la musique, c'est un peu plus difficile parce qu'il n'y a pas de signifiant. Mais se posait la question de l'expression. C'est pourquoi j'ai été considéré comme un expressionniste, donc un romantique car je touchais des notions taboues. Aujourd'hui je pourrais dire exactement la même chose sauf que j'y adjoindrais la question des affects, des passions et aussi de la douleur, la tristesse... L'expression réelle d'affects, les émotions. Je clame désormais que « seules les émotions sont révolutionnaires ». Je m'amuse à le dire car je pense qu'aborder la question de l'émotion par la musique est un processus dissident. Pourquoi ? Parce que les tenants et les rigoristes des avant-gardes, enfin les purs et durs, les ayatollahs de la dite avant-garde musicale, tiennent toujours en déposition une thématique purifiée de l'émotion au profit d'une supposée expression idéale, fantasmée, une sorte de sur-transparence des choses, un « sur-webernisme ». Mais ce sont des idiots parce qu'il n'y a qu'à écouter Webern pour comprendre comme cette musique est d'une exceptionnelle émotivité !

Je voulais vous interroger sur la prédominance de l'idée, la pensée...

Une quête artistique meurt très vite si elle n'est pas symétriquement animée par une très haute idée de la pensée et de l'intellect. Dans les années musicales 1960 et 1970, tout était souvent considéré d'un point de vue structuraliste. On croyait que les éléments de base étaient les identifiants « idéaux » de toute proposition musicale et qu'ils étaient les conditions de la validité de tout ensemble formel de relations. C'est sans doute pour cette raison que l'on ne savait pas entendre Sibelius ou Janàček. Par exemple, Sibelius a été considéré par Adorno (qui n'était pourtant pas un philosophe structuraliste) comme le compositeur le plus bête du monde. Adorno est certes un très grand penseur mais il devient sourd et dogmatique lorsqu'il écrit cela. Il n'entend pas ce qui se passe dans cette musique. Il n'entend pas que dans les diatonismes de Sibelius se déploie une pensée exceptionnellement complexe qui s'invente sans cesse et crée une forme totalement inédite au point de vue des idées.

Le mot romantique renvoie aussi à un certain isolement…

Pour être honnête, je ne peux pas dire cela parce que j'ai eu plutôt bonne fortune – pour employer une expression ancienne – avec certaines institutions. Je ne vais pas jouer le paria, ce serait malhonnête de ma part. Je suis en France soutenu par certaines institutions comme la Cité de la Musique. Mais mon champ n'est pas seulement la France. Il y a d'autres pays qui soutiennent mon travail et je n'ai donc pas le sentiment d'être isolé. En revanche, sur la question de la représentation en tant que compositeur je suis sans doute un cas un peu particulier. On me le dit souvent, surtout à l'étranger.

Si on vous demande votre profession, vous dites quoi ?

Je dis quelquefois musicien, mais j'ai toujours peur des suites de la discussion. « Avouer » que l'on est compositeur peut devenir compliqué. Le meilleur exemple que je puisse donner, c'est quand je suis dans un avion pendant huit heures et que la personne à côté de moi me demande ce que je fais. Je réponds toujours que je suis architecte. Je lui mens mais pas tout à fait. S'il me demande des précisions, je lui dis : « Je fais des trucs, j'arrange, j'essaye de les faire tenir debout... » Il pense vraiment que je suis un architecte, cela lui suffit.

Vous vous situez sur une ligne de crête, laquelle ?

J'ai répondu à cette question il y a vingt ans ? Aujourd'hui, je pourrais juste vous dire quelles sont les musiques qui me bouleversent toujours, sur lesquelles je reviens en permanence. C'est très varié chez moi. Beethoven, Haydn... Mais pas n'importe quel Haydn, le premier, celui des variations mécaniques. Par exemple, dans ses quatuors et ses trios, j'écoute toujours les premiers. Les derniers sont beaucoup plus sophistiqués, plus complexes, plus beaux en un sens et ils portent plus de futur mais j'aime la naïveté des premiers. Cette simplicité fait naître en moi une très forte émotion. J'aime aussi Mahler de plus en plus. Et toujours beaucoup Sibelius, Janáček, mais aussi Webern, Schönberg...

Est-ce qu'il y a des compositeurs que vous écoutez beaucoup aujourd'hui et que vous n'écoutiez pas il y a vingt ans ?

Oui. Mahler en est un parfait exemple. Dans les années 1980, à la Villa Médicis, j'avais eu une folie Mahler. C'est précisément à Rome que j'ai vraiment écouté Mahler. Je connaissais les symphonies, j'avais deux trois intégrales comme tout bon mélomane, mais j'ai commencé à vraiment réfléchir sur cette musique parce que je comprenais son impureté, son incongruité, ses débordements, ses ruptures de style. Enfin tout ce qu'on n'aime pas chez lui généralement quand on est un viennois bien éduqué ! Quand j'avais une vingtaine d'années, c'était plutôt Brahms ma passion. Les quatuors, les sextuors : j'écoutais cela en boucle.

Depuis qu'on s'est vu il y a plus de vingt ans, vous avez écrit, vous avez donné des cours au Collège de France... Est-ce qu'à un moment on vous a demandé une définition de la musique ?

Un très grand psychanalyste m'a écrit pour me demander une définition. Il réfléchissait sur la musique et il avait besoin d'une définition. Il trouvait ma musique énigmatique et m'avait posé cette question : qu'est-ce que la musique ? Je lui ai répondu quelques années plus tard. Il m'arrivait de le rencontrer. Un jour, je lui avais même dit : « Vous savez, faire de la musique m'occupe tellement que je n'ai pas le temps de penser à sa définition ! » Ce n'était pas qu'un jeu de mots. Je dirais que c'est une forme de pensée, un moyen pour penser. En vingt ans, je suis devenu beaucoup plus dépendant de la musique que je ne pouvais l'imaginer. Il y a une vingtaine d'années, j'étais fou de musique mais je la tenais à distance. Elle me faisait trop d'effet ! Aujourd'hui, je m'épuise et elle est en train de me dévorer. Je n'arrive même plus à la penser. La musique me ronge, c'est plus fort que moi. Je me sens de plus en plus petit, écrasé.

La postérité, vous y pensez ?

Ce serait malhonnête de dire non. C'est comme si on disait, toutes proportions gardées, qu'on ne s'intéresse pas à ce que nos enfants vont penser de nous après notre mort. Bien sûr qu'on s'y intéresse ! Aujourd'hui, j'y pense parce que j'ai conscience que le monde des idées est véritablement en danger, à savoir qu'il serait possible que nos arts respectifs, tout ce que nous pensons et dépensons, disparaissent dans un magma, dans un flux et une vitesse qui dépasse l'Histoire elle-même. On le voit bien, depuis quelques années le flux de l'information est devenu plus rapide que la capacité de notre cerveau à l'emmagasiner. Paul Virilio l'explique très bien en disant qu'il y a quinze ou vingt ans, un ordre donné en bourse était un geste. Aujourd'hui, c'est un millionième de nanoseconde. Notre cerveau ne peut pas l'envisager. Et pourtant, c'est le même ordre, c'est le même type d'action. Et au fond, je suis surpris aujourd'hui de constater comment certaines œuvres de Berio, de Donatoni, de Ligeti... peuvent disparaître, tout simplement parce que tout le monde s'en fout, que plus personne ne pense là-dessus. Lorsque j'enseigne à Munich parfois, je le ressens très vivement. J'ai pu rencontrer de jeunes compositeurs de 25 ans qui ne connaissaient pas Ligeti, par exemple. Il y a une amnésie ! Ceci est un corollaire à mes efforts et aux conditions de production de notre travail. Je vois bien qu'il est plus facile d'avoir une commande d'opéra que de faire rejouer un opéra. Pourquoi ? Parce que cela n'intéresse pas les gens. Ce qu'ils veulent ce sont des papiers, des créations mondiales. Par exemple, mon opéra *Perelà,* qui le connaît aujourd'hui ? Voilà dix ans à peine qu'il a été créé et tout le monde s'en fout ! Personne ne connaît même l'histoire, ce qu'il voulait raconter. Et pourtant j'y ai travaillé pendant des années.

Par exemple, vos opéras, vous les hiérarchisez ?

Je ne les hiérarchise pas mais je ne les « équalize » pas non plus. Toute ma musique est comme une table de mixage et, de temps en temps, je pousse un bouton plus fort qu'un autre. Parfois, fermer un micro, c'est important pour la musique. On vient de monter *To Be Sung* en Corée. Cet opéra a vingt ans et a connu d'autres productions que celle avec la scénographie insensée de James Turrell en 1994 mais il est toujours là. On a souvent monté *Medea,* récemment à l'opéra de Varsovie et à Perm en Russie. *Medea* est beaucoup produit et j'en suis très heureux. Et pourtant, on peut avoir le sentiment que ces deux opéras ont été écrits par deux compositeurs différents. Mais aller jusqu'à dire que *To be sung* est mieux que *Medea* serait ridicule. En revanche, l'auditeur a le droit de préférer l'un à l'autre, naturellement. J'ai une grande souffrance concernant *Perelà.* Si j'excepte Montpellier, c'est le seul de mes opéras qui n'a pas été repris. Il traite de la voie religieuse donc je pense qu'il serait parfaitement d'actualité. Il raconte l'histoire d'une sorte de Christ qui arrive un jour sur terre, enfanté par trois mères et qui refuse de devenir un guide pour le peuple qui l'accueille. Mais je sais bien que le regard ne se porte pas là. Pour des questions de production et de programmation. Pour la plupart des maisons d'opéras, il est plus intéressant d'offrir la salle au metteur en scène à la mode avec une œuvre que tout le monde connaît.

En vingt ans, les choses ont changé esthétiquement. De même que les débats, les compositeurs... J'identifie mal ce changement. Qu'est-ce que vous diriez ?

Il n'y a pas de débat. Il n'y a plus de débat. C'est à dire que pour le coup, tout est tellement rapide que ça ne passe plus. Aucun stockage de données n'est constitué malgré les efforts notamment de l'Ircam, de la revue en ligne de l'Ensemble Intercontemporain ou du Centre de Documentation de la Musique Contemporaine. Une chose est sûre : en France, et ce n'est pas le cas en Allemagne par exemple, les compositeurs ne se rencontrent plus, ne débattent plus. Ils n'ont plus aucun objet critique et s'arc-boutent chacun sur leurs productions. Pour donner un exemple, l'année dernière, je suis allé à un concert de Marc-André Dalbavie à l'Orchestre de Paris et les seuls compositeurs présents étaient Dutilleux et moi. C'est l'attaché de presse qui me l'a dit. Il n'y a pas de débat puisque plus personne n'écoute personne. Quand on a fait *Medea* au Théâtre des Champs-Elysées mis en scène par Sasha Waltz, pas un compositeur n'est venu. Aux premières de théâtre, tous les metteurs en scène se déplacent. Au Festival d'Avignon, il demeure une tradition de passer du temps sur place. À Musica, c'est tout l'inverse. Les gens arrivent le lundi, donnent leur concert le mardi et partent le mercredi matin. Ils n'ont le temps de rien voir et moi le premier ! Il n'y a pas de débat, il n'y a plus d'espace critique. La presse est totalement effondrée.

Annexes

Note de l'éditeur

Nous avons décidé de reproduire en annexes huit fiches descriptives qui illustrent les problématiques abordées au cours des entretiens et permettront au lecteur de mieux comprendre les équilibres budgétaires à l'œuvre dans la production de spectacles vivants.

Pour l'Opéra Comique, nous avons choisi quatre spectacles emblématiques montrant la diversité de la programmation : un opéra baroque (*Atys*), un joyau du répertoire de l'opéra-comique (*Carmen*), une œuvre plus rare (*Ciboulette*) et une commande au compositeur Georges Aperghis (*Les Boulingrin*).

Pour le théâtre des Bouffes du Nord, nous avons choisi les fiches de production des quatre spectacles de théâtre musical cités au cours des entretiens : *Une Flûte enchantée, Le Bourgeois gentilhomme, The Second Woman, Le Crocodile trompeur (Didon & Enée).*

1. QUELQUES PRODUCTIONS DE L'OPÉRA COMIQUE

Son histoire fut tour à tour turbulente et prestigieuse jusqu'à sa toute récente réinscription sur la liste des théâtres nationaux en 2005. Depuis, une ère nouvelle s'est ouverte pour le théâtre. Sous la direction Deschamps, il renoue avec son histoire et sa mission de faire découvrir son répertoire singulier et d'assurer la production et la diffusion d'œuvres lyriques.

ATYS

CARMEN

CIBOULETTE

LES BOULINGRIN

ATYS

Tragédie en musique en un prologue et cinq actes

de **Jean Baptiste Lully**

Poème de **Philippe Quinault**

Créé à Saint-Germain-en-Laye le 10 janvier 1676

Direction musicale	*William Christie*
Mise en scène	*Jean-Marie Villégier*
Metteur en scène associé	*Christophe Galland*
Décors	*Carlo Tommasi*
Chorégraphie	*Francine Lancelot, Béatrice Massin*
Costumes	*Patrice Cauchetier*
Lumières	*Patrick Méeüs*
Perruques	*Daniel Blanc*
Maquillage	*Suzanne Pisteur*
Conseiller musical	*Paul Agnew*
Assistante chorégraphie	*Béatrice Aubert*
Assistante costumes	*Anne Autran Dumour*
Chef de chant	*Benoît Hartoin*
Chef de choeur	*François Bazola*
Conseillère linguistique	*Anne Pichard*
Atys	*Bernard Richter*
Cybèle	*Stéphanie d'Oustrac*
Sangaride	*Emmanuelle de Negri*
Célénus	*Nicolas Rivenq*
Idas	*Marc Mauillon*
Doris	*Sophie Daneman*
Mélisse	*Jaël Azzaretti*
Dieu du Sommeil	*Paul Agnew*
Morphée	*Cyril Auvity*
Le Temps; le fleuve Sangar	*Bernard Deletré*
Maître de cérémonie / Alecton	*Jean Charles di Zazzo (comédien)*
L'impresario	*Olivier Collin*
Flore /Suite de Sangar	*Elodie Fonnard*

Iris	***Rachel Redmond***
Melpomène	***Anna Reinhold***
Zéphir /Suite de Sangar	***Francisco Fernàndez***
Zéphir	***Reinoud Van Mechelen***
Phobétor	***Callum Thorpe***
Phantase	***Benjamin Alunni***
Songe Funeste	***Arnaud Richard***
Danseurs	***Compagnie Fêtes galantes : Bruno Benne, Sarah Berreby, David Berring, Laura Brembilla, Olivier Collin, Estelle Corbière, Laurent Crespon, Claire Laureau, Adeline Lerme, Akiko Veaux et Gil Isoart de l'Opéra National de Paris***
Prêtresses	***Céline Clergé, Shinta Delanoë, Vanessa Devraine, Cindy Doutres, Sophie Dumont, Adeline Godard, Scarlett Hohmann, Aude Roman***
Choeur et orchestre	***Les Arts Florissants***
Coproduction	***Opéra Comique, Brooklyn Academy of Music, Théâtre de Caen, Opéra National de Bordeaux, Les Arts Florissants***
Partenaire associé	***Compagnie Fêtes galantes***

Recréation de la production donnée en 1987 à la salle Favart grâce au soutien exceptionnel de Ronald P. Stanton et celui d'AXAIM.

Budget total de création	2 055 750 €
Masse salariale artistique et technique	65%
Costumes, décors et accessoires	30%
Financement	
Subventions publiques et sociétés civiles	12%
Ressources propres	88%

EXPLOITATION DU SPECTACLE

Equipe artistique : 20 solistes, 49 instrumentistes,
33 membres du chœur, 11 danseurs, 8 figurants
7 représentations au Théâtre National de l'Opéra Comique
(du 12 au 21 mai 2011)
Taux de remplissage : 100%
11 représentations en tournée (Bordeaux, Versailles, Brooklyn Academy of Music New York)

Captation Radio France
En direct Mezzo le 21 mai 2011
Captation François Roussillon, Fra Prod
Diffusion TV Arte et France Télévisions
DVD Harmonia Mundi

CARMEN

Opéra-comique en quatre actes de **Georges Bizet**

Livret **d'Henri Meilhac et de Ludovic Halévy**

d'après la nouvelle de **Prosper Mérimée**

Créé à l'Opéra Comique de Paris le 3 mars 1875

Direction musicale	***Sir John Eliot Gardiner***
Mise en scène	***Adrian Noble***
Décors et costumes	***Mark Thompson***
Lumières	***Jean Kalman***
Collaboratrice aux mouvements	***Sue Lefton***
Assistant musical	***Benjamin Bayl***
Collaborateur artistique à la mise en scène	***Elsa Rooke***
Chef de chant	***Nathalie Steinberg***
Assistant costumes	***Alain Blanchot***
Assistante lumière	***Nathalie Perrier***
Maitre d'armes	***François Rostain***
Second chef de chant	***Mathieu Pordoy***

Carmen	***Anna Caterina Antonacci***
Don José	***Andrew Richards***
Micaëla	***Anne-Catherine Gillet***
Escamillo	***Nicolas Cavallier***
Frasquita	***Virginie Pochon***
Mercédès	***Annie Gill/Louise Innes***
Le Dancaïre	***Frençis Dudziak***
Le Remendado	***Vincent Ordonneau***
Zuniga	***Matthew Brook***
Moralès	***Riccardo Novaro***
Lillas Pastia	***Simon Davies***
Un guide	***Lawrence Wallington***

The Monteverdi Choir
Maîtrise des Hauts-de-Seine.
Orchestre Révolutionnaire et Romantique

Production	***Opéra Comique***
Coproduction	***Grand Théâtre de la Ville de Luxembourg***
Partenaire associé	***Festival Internacional de Musica y Danza de Granada (3-5 juillet 2009)***

Budget total de création	**1 989 470 €**
Masse salariale artistique et technique	67%
Costumes, décors et accessoires	14%
Financement	
Subventions publiques et sociétés civiles	47%
Ressources propres	53%

EXPLOITATION DU SPECTACLE

Equipe artistique : 12 solistes, 65 instrumentistes,
39 membres du chœur, 12 membres du chœur d'enfants
7 représentations au Théâtre National de l'Opéra Comique
(du 15 au 30 juin 2009)
2 représentations en version concert à Granada
Taux de remplissage : 99%

Captation François Roussillon / Fra Prod
Diffusion TV France 2 le 26/12/2009 – rediffusion France 2 le 31/12/2010
Direct cinéma le 25/6/2009
DVD Harmonia Mundi sorti le 21/10/2010

CIBOULETTE

Opérette en trois actes et quatre tableaux de **Reynaldo Hahn**

Livret de **Robert de Flers et Francis de Croisset**

Créée au Théâtre des Variétés, le 7 avril 1923

Direction musicale et collaboration artistique	***Laurence Equilbey***
Mise en scène	***Michel Fau***
Décors	***Bernard Fau et Citronelle Dufay***
Costumes	***David Belugou***
Lumières	***Joël Fabing***
Assistant musical et chef de chœur	***Christophe Grapperon***
Assistant mise en scène	***Damien Lefevre***
Collaboration aux mouvements	***Cécile Roussat***

Ciboulette	***Julie Fuchs***
Duparquet	***Jean-François Lapointe***
Antonin	***Julien Behr***
Zénobie	***Eva Ganizate****
Roger	***Ronan Debois****
Françoise	***Cécile Achille****
Monsieur Grenu	***Jean-Claude Sarragosse***
Madame Grenu	***Guillemette Laurens***
Victor	***Patrick Kabongo Mubenga****
Le Patron, Le Maire	***François Rougier****
Grisard	***Safir Behloul****
Le Lieutenant	***Olivier Déjean****
Madame Pingret	***Bernadette Lafont***
La Comtesse de Castiglione	***Michel Fau***
Le directeur d'opéra	***Jérôme Deschamps***

* chanteurs de l'Académie de l'Opéra Comique

Choeur Accentus

Orchestre symphonique de l'Opéra de Toulon

Production	Opéra Comique
Partenaire associé	Opéra de Toulon Provence Méditerranée, Palazzetto Bru Zane - Centre de musique romantique française

Budget total de création	**1 138 830 €**
Masse salariale artistique et technique	57%
Costumes, décors et accessoires	24%
Financement	
Subventions publiques et sociétés civiles	46%
Ressources propres	54%

EXPLOITATION DU SPECTACLE

Equipe artistique : 15 solistes, 50 instrumentistes,
34 membres du chœur
6 représentations au Théâtre National de l'Opéra Comique
(du 16 au 26 février 2013)
Taux de remplissage : 98%
3 représentations en tournée (Saint-Etienne)

Captation François Roussillon, Fra Prod

LES BOULINGRIN

Opéra-Bouffe

Musique de **Georges Aperghis**

Livret d'après *Les Boulingrin* de **Georges Courteline**

Commande de l'Opéra Comique.

Création mondiale le 12 mai 2010

Direction musicale	***Jean Deroyer***
Mise en scène	***Jérôme Deschamps***
Décors et accessoires	***Laurent Peduzzi***
Costumes	***Macha Makeïeff***
Lumières	***Dominique Bruguière***
Maquillage	***Laure Talazac***
Assistant musical	***Vincent Leterme***
Assistant musical	***Emilie Morin***
Assistant à la mise en scène	***Gilles Rico***
Assistante décors	***Flore Peduzzi***
Assistant costumes	***Isabelle Reffade***
Assistant lumières	***Alain Paradis***
Ingénieur du son	***Julien Guinard***
Collaboration bruitages	***Philippe Leygnac***

Des Rillettes	***Lionel Peintre***
Boulingrin	***Jean-Sébastien Bou***
Madame Boulingrin	***Doris Lamprecht***
Félicie	***Donatienne Michel-Dansac***

Production	***Opéra Comique***
Coproduction	***Klangforum Wien***
Producteur associé	***La Muse en Circuit, Centre national de création musicale***

Budget total de création	**703 630 €**
Masse salariale artistique et technique	62%
Costumes, décors et accessoires	24%
Financement	
Subventions publiques et sociétés civiles	52%
Ressources propres	48%

EXPLOITATION DU SPECTACLE

Equipe artistique : 4 solistes, 10 instrumentistes
4 représentations au Théâtre National de l'Opéra Comique
(du 12 au 16 mai 2010)
Taux de remplissage : 80%

2. QUELQUES PRODUCTIONS DU THÉÂTRE DES BOUFFES DU NORD

S'il est aujourd'hui l'un des théâtres les plus appréciés des Parisiens, les Bouffes du Nord, fondés en 1876, ont pourtant connu une histoire tumultueuse. Construite aux limites de Paris, cette salle peu visible, éloignée de l'agitation des boulevards, n'a véritablement trouvé son équilibre qu'à sa reprise en 1974 par Peter Brook et Micheline Rozan.

UNE FLÛTE ENCHANTÉE

LE BOURGEOIS GENTILHOMME

THE SECOND WOMAN

LE CROCODILE TROMPEUR : DIDON ET ÉNÉE

UNE FLÛTE ENCHANTÉE

D'après **Wolfgang Amadeus Mozart**

Librement adaptée par **Peter Brook, Franck Krawczyk et Marie-Hélène Estienne**

Mise en scène **Peter Brook**

Lumières **Philippe Vialatte**

Réalisation des costumes	***Hélène Patarot, avec l'aide de Oria Puppo***
Conseiller artistique	***Christophe Capacci***
Travail Corporel	***Marcello Magni***
Chef de chant	***Véronique Dietschy***
Magie	***Celio Amino***
	avec en alternance
piano	***Franck Krawczyk et Matan Porat***
Papagena	***Dima Bawab***
Reine de la Nuit	***Malia Bendi Merad***
Reine de la Nuit	***Leïla Benhamza***
Sarastro	***Luc Bertin-Hugault***
Monostatos	***Jean-Christophe Born***
Monostatos	***Raphaël Brémard***
Papageno	***Thomas Dolié***
Tamino	***Antonio Figueroa***
Papageno	***Virgile Frannais***
Papagena	***Betsabée Haas***
Pamina	***Agnieszka Slawinska***
Tamino	***Adrian Strooper***
Pamina	***Lei Xu***
Pamina	***Jeanne Zaepffel***
comédiens	***William Nadylam et Abdou Ouologuem***

Production déléguée : C.I.C.T. / Théâtre des Bouffes du Nord
Coproduction : Festival d'Automne à Paris, Attiki Cultural Society, Athènes ; Musikfest Bremen ; Théâtre de Caen ; MC2 Grenoble ; Barbican, Londres ; Les Théâtres de la Ville de Luxembourg ; Piccolo Teatro di Milano – Teatro d'Europa ; Lincoln Center Festival, New York
Avec le soutien du C.I.R.T. et d'Arcadi.

Budget total de création	**1 365 000 €**
Masse salariale artistique et technique	55%
Costumes, décors et accessoires	9%
Financement	
Subventions publiques	11%
Ressources propres	89%

EXPLOITATION DU SPECTACLE

Equipe artistique : 23 personnes
12 semaines de répétitions
2 séries de 45 puis 20 représentations au Théâtre des Bouffes du Nord à Paris.
275 représentations en tournée.

<u>Saison 2010/2011</u>

9 Novembre – 31 Décembre 2010 : Théâtre des Bouffes du Nord, Paris
11-15 Janvier 2011 : Les Théâtre de la Ville de Luxembourg
19-21 Janvier 2011 : Le Théâtre Musical de Besançon
26-28 Janvier 2011 : Maison de la Culture d'Amiens
1-5 Février 2011 : MC2, Grenoble
9-13 Février 2011 : Théâtre de Caen
22 Février - 19 Mars 2011 : Teatro Strehler, Piccolo Teatro de Milano
23-27 Mars 2011 : Barbican Centre, London
5 Mai 2011 : Centro Cultural Vila Flor, Guimaraes

8-9 Mai 2011 : Teatro Sao Joao National, Porto
13-14 Mai 2011 : Teatro Arriaga, Bilbao
18-22 Mai 2011 : Teatro Canal, Festival de Primavera, Madrid
26-28 Mai 2011 : Théâtre d'Orléans
2-3 Juin 2011 : Divadelni Svet, Brno
9-11 Juin 2011 : Muziekgebouw aan't,
Holland Festival, Amsterdam
18-20 Juin 2011 : Mercat da Flores, Festival GREC, Barcelona
23-26 Juin 2011 : Festival Les Nuits de Fourvière, Lyon
29 juin-1er juillet 2011 : Le Printemps des Comédiens, Montpellier
3-17 Juillet 2011 : Gerald Lynch Theater,
Lincoln Center Festival, New York
25-29 Juillet 2011 : Festival de l'Opéra de Québec

Saison 2011/2012

28-30 Août 2011 : Bremen Musik Festival, Bremen
7-9 Septembre 2011 : Teatro Dulcina, Rio de Janeiro
14-17 Septembre 2011 : SESC Pinheiros, Sao Paulo
21-23 Septembre 2011 : Teatro do Bourbon Country,
Festival Porto Alegre em Cena
28 Septembre-1er Octobre 2011 : Teatro Avenida,
Festival Internacional de Buenos Aires
5-7 Octobre 2011 : Teatro Municipal Las Condes, Santiago
13-15 Octobre 2011 : Festival Cervantino, Gunajuato *
19-20 Octobre 2011 : Teatro Solis, Montevideo
24-25 Octobre 2011 : Teatro Julio Castillo, Mexico D.F
2-5 Novembre 2011 : Alexandra Trianti Hall, Megaron, Athènes
9-13 Novembre 2011: Théâtre Jean Vilar, Louvain-la-neuve
17-27 Novembre 2011: Teatro Argentina Festival RomaEuropa, Rome
1- 2 Décembre 2011 : Théâtre Forum Meyrin, Genève
8-10 Décembre 2011: CNCDC de Chateauvallon
13-14 Décembre 2011 : Théâtre de Nîmes
17-22 Janvier 2012 : Théâtre de St Quentin en Yvelines
26-27 Janvier 2012 : La Comète, Châlons-en-Champagne
31 Janvier – 11 Février 2012 : Piccolo Teatro di Milano –
Teatro d'Europa
18-25 Février 2012 : Octagon Theatre, Perth
1-3 Mars 2012 : Lyric Theatre of the Academy for
Performing Arts
Hong Kong Arts Festival

8-10 Mars 2012 : National Theatre, Taipei
15-18 Mars 2012 : LG Arts Center, Séoul
22-25 Mars 2012 : Saitama Arts Theatre, Tokyo
31 Mars-1er Avril 2012 : Kita Kyushu Arts Theatre
7-8 Avril 2012 : Biwako Hall, Otsu-shi

Saison 2012/2013

25 - 31 mars 2013 : Festival de Budapest, Hongrie
05 & 06 avril 2013 : Les Treize Arches/Brive-la-Gaillarde
11 & 12 avril 2013 Ristori teatro/Vérone
14 - 18 avril 2013 Tournée en Italie
21 & 22 avril 2013 : Théâtre d'Argenteuil
25 & 26 avril 2013 : Théâtre Jean Arp/Clamart
02 mai 2013 : Chassé Theater/Breda, Pays Bas
06 & 07 mai 2013 : Cankarjev Dom/Ljubljana
09 - 27 mai 2013 : tournée au Maroc (Rabbat, Casablanca, Marrakech, Meknes, Tetouan)
31 mai & 01 juin 2013 : Lessing Theater Wolfenbüttel
28 Juin – 31 Juillet 2013 : Théâtre des Bouffes du Nord, Paris

Saison 2013/2014

28 septembre au 5 octobre 2013 : La Minoterie, Théâtre de la Joliette / Marseille
8 octobre 2013 : le Carré Bellefeuille / Boulogne-Billancourt
11 et 12 octobre 2013 : Théâtre d'Arras
17 et 18 octobre 2013 : l'Onde / Vélizy-Villacoublay
24 et 25 octobre 2013 : Theater Chur / Suisse
29 et 30 octobre 2013 : Teatro Stabile del Friuli-Venezia Giulia / Trieste
2 et 3 novembre 2013 : Teatro Grande / Brescia
6 novembre 2013 : Centre d'Art et de Culture / Meudon
9 et 10 novembre 2013 : Anthea, Théâtre d'Antibes
15 et 16 novembre 2013 : Saint-Petersbourg
20 et 21 novembre 2013 : Moscou
26 novembre 2013 : l'Avant-Scène / Colombes
29 et 30 novembre 2013 : Théâtre Romain Rolland / Villejuif
3 décembre 2013 : Théâtre du fil de l'eau : Pantin
7 décembre 2013 : Théâtre du Beffroi / Montrouge
10 décembre 2013 : les Trois Pierrots / Saint-Cloud
14 décembre 2013 : Espace Jean Lurçat / Juvisy-sur-Orge
17 au 21 décembre 2013 : Théâtre de Saint-Quentin-en-Yvelines

LE BOURGEOIS GENTILHOMME

Comédie-ballet de **Molière** avec la musique de **Lully**
Mise en scène **Denis Podalydès,** Sociétaire de la Comédie Française
Direction musicale **Christophe Coin**

Collaboration artistique	***Emmanuel Bourdieu***
Scénographie	***Éric Ruf, Sociétaire de la Comédie Française***
Lumières	***Stéphanie Daniel***
Costumes	***Christian Lacroix***
Chorégraphie	***Kaori Ito***
Maquillages et coiffures	***Véronique Soulier-Nguyen***
Assistant mise en scène	***Laurent Podalydès***
Assistante scénographie	***Delphine Sainte-Marie***
Assistant costumes	***Jean-Philippe Pons***
Construction des décors	***Ateliers des Théâtres de la Ville de Luxembourg ; art & Oh - Benoît Probst***
Confection des costumes	***Ateliers du Théâtre de la Place, Liège***

avec
Julien Campani, Isabelle Candelier, Manon Combes, Bénédicte Guilbert, Manuel Le Lièvre, Francis Leplay, Hermann Marchand, Leslie Menu, Nicolas Orlando, Pascal Rénéric, Alexandre Steiger, Thibault Vinçon.

Jennifer Macavinta et Artemis Stavridi, *danseuses*

Romain Champion, Cécile Granger, Marc Labonnette, *chanteurs*
Francisco Mañalich, *chanteur et gambiste*

& les musiciens de l'Ensemble baroque de Limoges

Production : C.I.C.T. / Théâtre des Bouffes du Nord
Coproduction: Les Nuits de Fourvière / Département du Rhône ; Les Théâtres de la Ville de Luxembourg ; Théâtre de la Place / Liège ; Théâtre de Caen ; Opéra Royal / Château de Versailles Spectacles ; Ensemble Baroque de Limoges / Fondation Laborie ; Maison de la Culture d'Amiens ; Châteauvallon CNCDC ; Printemps des Comédiens.
Avec la participation artistique de l'ENSAD de Montpellier Languedoc Roussillon, de l'ENSATT et du JTN.

Budget total de création	**842 030 €**
Masse salariale artistique et technique	44%
Costumes, décors et accessoires	29%
Financement	
Subventions publiques	10%
Ressources propres	90%

EXPLOITATION DU SPECTACLE

Equipe artistique : 26 personnes
9 semaines de répétitions
28 représentations au Théâtre des Bouffes du Nord à Paris
106 représentations en tournée

Saison 2011/2012

France
Du 5 au 10 juin 2012 : Festival Les Nuits de Fourvière, Lyon
Du 13 au 15 juin 2012: Le Printemps des Comédiens, Montpellier
Du 19 Juin au 21 Juillet : Théâtre des Bouffes du Nord, Paris

Saison 2012/2013

Luxembourg, France, Belgique
Du 26 au 29 septembre 2012 : Luxembourg
2 et 3 octobre 2012 : Théâtre d'Arras
6 octobre 2012 : Saint-Maximin-la-Sainte-Beaume
9 et 10 octobre 2012 : le Parvis / Tarbes
13 octobre 2012 : Sainte-Maxime
16 et 17 octobre 2012 : Arcachon
20 octobre 2012 : le Prisme / Elancourt
23 au 25 octobre 2012 : Maison de la Culture d'Amiens
9 au 16 novembre 2012 : Théâtre de la Place / Liège
19 au 21 novembre 2012 : Opéra Royal de Versailles
24 et 25 novembre 2011 : Opéra de Vichy
1er et 2 décembre 2012 : Opéra de Massy
5 au 8 décembre 2012 : CNCDC / Chateauvallon
11 au 15 décembre 2012 : Théâtre de Caen
19 et 20 décembre 2012 : Opéra de Limoges
5 au 11 janvier 2013 : Théâtre de la Criée / Marseille
15 au 19 janvier 2013 : Théâtre Royal de Namur

Saison 2013/2014

France/Belgique
25 septembre au 12 octobre 2013 : Théâtre National de Bretagne / Rennes
15 au 17 octobre 2013 : la Comédie de Reims
7 et 8 janvier 2014 : Théâtre André Malraux / Rueil-Malmaison
10 janvier 2014 : Théâtre de Chelles
14 au 16 janvier 2014 : La Comète / Châlons-en-Champagne
19 et 20 janvier 2014 : Théâtre du Beffroi / Montrouge
23 au 25 janvier 2014 : les Treize Arches / Brive
29 au 31 janvier 2014 : le Grand R / La Roche-sur-Yon
4 et 5 février 2014 : le Forum du Blanc-Mesnil
6 au 9 février 2014 : Opéra Royal de Versailles
13 et 14 février 2014 : Palais des Beaux-Arts / Charleroi
18 février 2014 : Théâtre de Chartres
21 et 22 février 2014 : le Trident / Cherbourg
25 février 2014 : Théâtre des Jacobins / Dinan
13 et 14 mars 2014 : l'Onde / Velizy-Villacoublay

THE SECOND WOMAN

Mise en scène **Guillaume Vincent**
Musique **Frédéric Verrières**

Texte	***Bastien Gallet***
Direction musicale	***Jean Deroyer***
Dramaturgie	***Marion Stoufflet***
Scénographie	***James Brandily***
Lumières	***Sébastien Michaud***
Costumes	***Fanny Brouste***
Informatique musicale	***Olivier Pasquet***
Le pianiste et répétiteur	***Jean-Yves Aizic***
Le baryton	***Jean-Sébastien Bou***
La cantatrice	***Elizabeth Calleo***
La chanteuse	***Jeanne Cherhal***
La colorature	***Marie-Eve Munger***
Le metteur en scène	***Philippe Smith***

et l'Ensemble Court-circuit

Production : C.I.C.T. / Théâtre des Bouffes du Nord, Paris
Coproduction : Les Théâtres de la ville de Luxembourg ; Opéra de Reims ; Ensemble Court-circuit ; Comédie de Reims ; La Muse en circuit – Centre national de création musicale ; Le Cercle des Partenaires des Bouffes du Nord. Avec l'aide à la production et la diffusion d'Arcadi, avec le soutien de l'ONDA.

Budget total de création	**375 720 €**
Masse salariale artistique et technique	49%
Costumes, décors et accessoires	26%
Financement	
Subventions publiques	18%
Ressources propres	82%

EXPLOITATION DU SPECTACLE

Equipe artistique : 13 personnes
6 semaines de répétitions
13 représentations au Théâtre des Bouffes du Nord à Paris
8 représentations en tournée

Saison 2010/2011
26 avril au 13 mai 2011 : reprise au Théâtre des Bouffes du Nord

Saison 2011/2012
France
9 mars 2012 : Brétigny-sur-Orge
13 mars 2012 : Opéra de Reims
15 et 16 mars 2012 : Théâtre de Caen
19 mars 2012 : Théâtre musical de Besançon

Saison 2012/2013
France / Luxembourg
30 novembre et 1er décembre 2012 : Grand Théâtre du Luxembourg
19, 21 et 22 décembre 2012 : reprise au Théâtre des Bouffes du Nord
31 janvier 2013 : Le Forum, Blanc-Mesnil

LE CROCODILE TROMPEUR /

DIDON ET ÉNÉE

D'après l'opéra de **Henry Purcell et d'autres matériaux**
Mise en scène **Samuel Achache et Jeanne Candel**
Direction musicale **Florent Hubert**
Arrangement musical collectif

Direction chorale	***Jeanne Sicre***
Scénographie	***Lisa Navarro***
Lumières	***Vyara Stefanova***
Costumes	***Pauline Kieffer***
Construction des décors	***François Gauthier-Lafaye, Didier Raymond, Pierre-Guilhem Costes***

avec

Matthieu Bloch, Judith Chemla, Vladislav Galard, Florent Hubert, Clément Janinet, Olivier Laisney, Léo-Antonin Lutinier, Thibault Perriard, Jan Peters, Jeanne Sicre, Marion Sicre et Lawrence Williams.

Production : C.I.C.T. - Théâtre des Bouffes du Nord
Coproduction : Les Théâtres de la Ville de Luxembourg ; La Vie Brève ; Comédie de Valence - Centre dramatique national Drôme-Ardèche ; MC2 : Grenoble ; Le Radiant-Bellevue ; Théâtre de Caen, Théâtre Forum Meyrin – Genève.
Avec le soutien du Théâtre de la Cité Internationale.
Avec l'aide à la production et à la diffusion d'Arcadi et de la SPEDIDAM et de la DRAC Ile-de-France.

Budget total de création	**376 890 €**
Masse salariale artistique et technique	58%
Costumes, décors et accessoires	5%
Financement	
Subventions publiques	15%
Ressources propres	85%

EXPLOITATION DU SPECTACLE

12 semaines de répétitions
2 séries de 13 représentations au Théâtre des Bouffes du Nord à Paris.
48 représentations en tournée.

Saison 2012/2013

France

Du 8 au 12 janvier 2013 : La Comédie de Valence
Du 14 février au 3 mars 2013 : Théâtre des Bouffes du Nord.

Saison 2013/2014

France / Suisse / Allemagne

6 au 9 novembre 2013 : Théâtre Garonne / Toulouse
13 et 14 novembre 2013 : Théâtre de Caen
17 et 18 novembre 2013 : Théâtre de Vanves
21 au 23 novembre 2013 : Théâtre de Lorient
26 et 27 novembre 2013 : Grand Théâtre du Luxembourg
30 novembre au 1 décembre 2013 : Le Radiant Bellevue / Calluire-et-Cuire
4 au 7 décembre 2013 : MC2 / Grenoble
27 décembre 2013 au 12 janvier 2014 : reprise du spectacle au Théâtre des Bouffes du Nord.

31 mars et 1er avril 2014 : Théâtre Firmin-Gémier-la Piscine / Chatenay-Malabry
4 et 5 avril 2014 : Sortie Ouest / Béziers
9 et 10 avril 2014 : La Comète / Châlons-en-Champagne
16 et 17 avril 2014 : Théâtre des Salins / Martigues
22 au 24 avril 2014 : le Trident / Cherbourg
29 et 30 avril 2014 : Forum Meyrin / Suisse
12 et 13 mai 2014 : Espace Malraux / Chambéry
16 et 17 mai 2014 : Théâtre de la Renaissance / Oullins
20 et 21 mai 2014 : Théâtre de Villefranche-sur-Saône
3 au 5 juin 2014 : CNCDC / Chateauvallon
13 et 14 juin 2014 : KunstFestspiele / Hanovre / Allemagne

Table des matières

Chez le même éditeur

N'enterrez pas trop vite Big Brother. Driss Ksikes.

Les amours vulnérables de Desdémone et Othello. Manuel Piolat Soleymat et Razerka Ben Sadia–Lavant.

Le peuple de la nuit. Survivre, notre ultime sabotage. Aïda Asgharzadeh.

J'ai couru comme dans un rêve. Igor Mendjewski.

Secrets de clown. Paul-André Sagel.

Des étoiles plein le poches. Simon Eine.

Tout vient de rien. Supplément à la Leçon du théâtre. Jacques Baillon.

Krystian Lupa. Entretiens avec Michel Archimbaud.

Avignon, l'affaire Mallarmé. Le poète et la danse. Sous la direction de Philippe Verrièle et Amélie Grand.

Melovivi ou Le piège suivi de *Brèche ardente.* Frankétienne.

Le dernier soir du dictateur. Mohamed Benchicou.

Achevé d'imprimer le 14 novembre 2013
sur les presses de
La Manufacture - *Imprimeur* – 52200 Langres
Tél. : (33) 325 845 892

N° imprimeur : 13862 - Dépôt légal : novembre 2013
Imprimé en France